図解 & ケース

ASEAN諸国との国際税務

インドネシア

タイ

フィリピン

ベトナム

朝日税理士法人
朝日ネットワークスグループ ――――[編]
I-GLOCAL Co.,LTD.

中央経済社

はじめに

　本書の特徴は日本と，インドネシア・タイ・フィリピン・ベトナムの4ヵ国に特化して，それぞれの税制を解説するとともに，ケーススタディ形式で税務に関する事例研究を具体的に行っているところにあります。

　ここ20年間で世界は随分成長しました。例えば人口は58億人（1996年）から73億人（2015年）に，名目GDPは30兆ドル（1995年）から77兆ドル（2014年）に変化しています。人口や経済は膨らみましたが，世界の面積は変わりません。結果として世界は狭くなり，人や企業の往来・情報量が増加するとともに，取引内容は複雑化しています。

　例えば世界の貿易量はこの20年間で約3倍に，航空旅客輸送数は約2.5倍に増加しています。1990年代中頃から実質的に利用され始めたインターネットは，2014年には約29億人の人々が利用しており，世界の半分弱の人間が，ネットでつながっていることになります。

　この20年間は，日本では「失われた20年」に相当します。ただ「人や取引の流れを通じて世界と緊密に結びつく」という潮流は，日本でも例外ではありません。特に日本ではアジア，具体的には中国やASEAN諸国との貿易量が増加して，人と企業の進出・交流が加速しています。例えば2013年における日本の貿易相手地域・国のうち，中国は1位で約20％，ASEANが2位で15％を占めています。またASEANへの直接投資残高は2013年で14兆円を超えており，この金額は中国へのそれを大きく上回っています。

　本書が取り上げている4ヵ国は，ASEANの中でも特に人口が多く，さらにはインフラの整備がある程度進んでいるため，結果として日本企業の進出が進んでいる国々です。これらの国のGDP，とりわけ1人当

たりのGDPは，まだ日本よりかなり低いのですが，経済の成長率は高く，さらに平均年齢は日本よりかなり低いため，将来も継続的な成長が見込まれています。これは日本企業の視点から見てみると，生産地域のみならず，販売市場としても期待ができる国々であるということです。

　日本企業が海外と取引や進出を行う場合，検討すべき重要なポイントの1つが税金です。税金が問題となるのは，それが多額のキャッシュアウトや最終利益に直結するためです。もちろん負担すべき税金を逃れ，脱税することは許されません。このような場合は，企業のコンプライアンスが問われて，企業の存続にまで影響を与える可能性があります。

　税制は国ごとに異なりますので，例えば2ヵ国間で取引を行う場合，2ヵ国の税制を検討する必要があります。税金の多くは「取引や利益の額」に「税率」を乗じて計算されますが，取引内容，取引の相手地域・国，各種税制上の恩典や企業のステータスなどによって課税範囲と税率が異なることがありますので，ことは複雑です。さらには1つの取引事象に対して，当事国で二重に課税されたり（二重課税），実際の利益とは異なる推定利益を基準にして課税される場合（移転価格税制）もあります。

　上記のことから，似たような結果をもたらす「合理的な経済取引」であっても，事実関係が異なることによって，税金の額が大きく違ってくることがあるのです。このため海外取引や進出をする際には，日本と相手国の税制をよく調査して，課税関係をあらかじめ明確にしたうえで，シミュレーションする必要があります。

　本書が皆さんのASEAN4ヵ国との取引，進出のお役に立てることを，執筆者一同，心から願っております。

2015年10月

執筆者一同

● CONTENTS ●

第1章 ASEAN 4ヵ国への進出事情と国際税務

1. ASEAN 進出の背景・2
2. ASEAN 進出の目的・4
3. 多様化する海外取引と国際税務・6
4. 日本企業の ASEAN への進出形態・8
5. 国際税務の意義・10
6. 租税条約の意義と役割・12
7. OECD モデル条約の意味・14
8. 国際税務とタックスプランニング・16

   コラム ASEAN 進出時のトラブル・18

第2章 日本の国際税務 ── 法人編

9. 移転価格税制の概要・20
10. 移転価格税制の独立企業間価格・22
11. 移転価格税制の推定課税・24
12. 移転価格税制の相互協議・26
13. 移転価格税制の事前確認制度・28
14. OECD 移転価格ガイドライン・30
15. タックスヘイブン対策税制の概要・32
16. タックスヘイブン対策税制の適用要件・34
17. タックスヘイブン対策税制の適用除外基準・36
18. タックスヘイブン対策税制の合算所得・38
19. 外国子会社配当益金不算入制度の概要・40
20. 外国子会社配当益金不算入制度の適用要件・42
21. 外国税額控除制度の概要・44

22 外国税額控除制度の直接税額控除・46
23 外国税額控除制度のみなし外国税額控除・48
24 外国税額控除額の制限・50
25 外国税額控除の控除余裕額と控除限度額・52
26 外貨換算の概要・54
27 外貨換算方法の選定と届出・56
28 海外渡航費・58
29 国際源泉課税の概要・60
30 国際源泉課税と租税条約との関係・62
31 消費税の概要・64
32 消費税における国内取引と国外取引の区分・66
33 消費税の輸出免税と輸入に係る消費税・68
34 消費税における外国法人の納税義務・70
35 三角合併等・72
36 税制適格の企業再編・74
37 国際課税原則の見直し・76

コラム BEPS行動計画13と移転価格文書化
および海外子会社管理・78

第3章 日本の国際税務 —— 個人（海外勤務者）編

38 居住者・非居住者の区分・80
39 租税条約における双方居住者の振分けルール・82
40 居住者の給与課税・84
41 居住者に支給する海外勤務に係る特殊手当・86
42 非居住者の給与課税・88
43 内国法人の役員に対する特例・90
44 短期滞在者免税規定・92
45 「短期滞在者免税」規定の3要件・94
46 個人の外国税額控除・96

- 47 控除対象外国所得税額・*98*
- 48 外国税額控除の繰越控除・*100*
- 49 国外転出時課税制度（出国税）の概要・*102*
- 50 国際相続の概要・*104*
- 51 日本の相続税の実務・*106*
- コラム　国外財産調書制度と海外赴任・*108*

第4章　インドネシアの税務

- 52 インドネシア進出に関わる税務・*110*
- 53 移転価格税制による課税強化・*112*
- 54 個人所得の申告・*114*
- 55 インドネシアの税務行政・*116*
- 56 多岐にわたる源泉徴収・*118*
- コラム　米ドル会計・*120*

第5章　タイの税務

- 57 タイ進出に関わる税務・*122*
- 58 外国人事業規制とPE認定・*124*
- 59 親子会社双方の取締役の日本払役員報酬の取扱い・*126*
- 60 税務調査，課税処分，税務訴訟，加算税・*128*
- 61 源泉所得税の対象取引と源泉徴収票の作成・*130*
- コラム　タックス・ルーリング・*132*

第6章　フィリピンの税務

- 62 フィリピン進出に関わる税務・*134*
- 63 法人所得税および租税条約の適用関係・*136*
- 64 個人所得税および租税条約の適用関係・*138*
- 65 税務調査，課税処分，税務訴訟，加算税・*140*
- 66 VATその他の税金・*142*

> コラム　フィリピン会計基準と税務・144

第7章　ベトナムの税務

- 67　進出前におさえておくべき税金の種類・146
- 68　法人所得税および租税条約の適用関係・148
- 69　個人所得税および租税条約の適用関係・150
- 70　税務事情・152
- 71　その他の税金・154
- > コラム　安全・安心な野菜生産の可能性・156

第8章　ケーススタディ ── 日本編

- 72　海外子会社設立費用の親会社における損金性・158
- 73　海外子会社に対する貸付金の金利・160
- 74　海外子会社からのロイヤルティの収受・162
- 75　海外子会社からの配当金・164
- 76　海外子会社に対する援助・166
- 77　外国法人が支給する役員賞与の課税・168
- 78　海外勤務期間中の不動産所得の確定申告・170
- 79　海外勤務者に支給する退職金の課税・172
- 80　海外勤務者の日本への短期出張と源泉徴収・174
- 81　海外勤務者と個人住民税の課税・176
- > コラム　BEPSプロジェクトとは？・178

第9章　ケーススタディ ── ASEAN 4ヵ国編

- 82　インドネシアとの租税条約適用に際して留意すべき点・180
- 83　インドネシアの付加価値税の特徴と留意点・182
- 84　インドネシア会社の株式譲渡に課される税金・184
- 85　タイにおける過年度の法人税申告修正・186
- 86　日タイ租税条約の使用料条項の拡大解釈・188

- 87 タイでの労働許可（work permit）と給与所得課税・*190*
- 88 フィリピン子会社清算時の税務・*192*
- 89 フィリピンの下請け利用による製造・販売・*194*
- 90 フィリピン不動産売却における税務・*196*
- 91 ベトナム法人設立前の立替費用の取扱い・*198*
- 92 ベトナム駐在員事務所から現地法人への資産の引継ぎ・*200*
- 93 ベトナムの外国契約者税の考え方・*202*

参考文献・*204*

凡　例

本書の引用条文については，次の略称を使用しています。

略　　称	正式名称
所法	所得税法
所令	所得税法施行令
所基通	所得税基本通達
法法	法人税法
法令	法人税法施行令
法基通	法人税基本通達
消法	消費税法
消令	消費税法施行令
消基通	消費税法基本通達
地法	地方税法
実施特例法	租税条約等の実施に伴う所得税法，法人税法及び地方税法の特例等に関する法律
実施特例省令	租税条約等の実施に伴う所得税法，法人税法及び地方税法の特例等に関する法律の施行に関する省令
復興財確法	東日本大震災からの復興のための施策を実施するために必要な財源の確保に関する特別措置法
復興所令	復興特別所得税に関する政令

(引用の例示)
消法2①八……消費税法第2条第1項第8号

(注)　本書は，平成27年4月1日現在の法令・通達によっています。ただし，平成27年4月1日現在，一部，未施行の法令の規定に基づくものが含まれています。

第**1**章

ASEAN 4ヵ国への進出事情と国際税務

ASEAN進出の背景
～増加する日本企業のASEAN進出

　日本企業の海外，特にASEAN（東南アジア諸国連合：Association of South-East Asian Nations）への進出が加速しています。ASEANは10ヵ国（インドネシア，カンボジア，シンガポール，タイ，フィリピン，ブルネイ，ベトナム，マレーシア，ミャンマー，ラオス）から構成されていますが，その中でも特に日本企業の進出が進んでいるのが，本書で取り上げているインドネシア，タイ，フィリピン，ベトナムです。これらの国は，ASEANの中で人口が多い4ヵ国でもあります。日本企業がASEANに進出する背景には，次のことが挙げられます。

● 地理的メリットとASEAN統合

　日本から見てASEANのゲートウェイであるフィリピンは，台湾のすぐ南に位置しており，首都のマニラまでは日本から飛行機でわずか4～5時間の距離にあります。またFTA（自由貿易協定）をさらに進めたASEAN経済共同体（AEC；ASEAN Economic Community）が2015年末に発足される予定であり，日本の近くに大きくまとまった経済圏が生まれることになります。

● 日本の人口減少とASEANマーケットの拡大

　日本の少子高齢化による人口減少は急速に進んでいます。このままでいけば，耐久消費財のマーケットはもちろん，一般消費財やサービス業のマーケットも縮小していくことが予想されます。一方でASEANは約6億1,000万人（2013年度）と日本の5倍近くの人口を擁しているうえ，購買力を持ったアッパーミドル層は増加傾向にあり，そのマーケットは急速に拡大しています。

● 親日国であるとともに企業誘致に積極的であること

　互いの信頼感は仕事を実際に行っていくうえで重要な要素です。意識調査によれば，日本に対するASEANの多くの国の好感度は，かなり高位置にあります。また各国で外資導入のための優遇措置（税制など）

A：ASEAN 加盟国

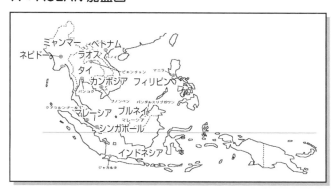

B：2013年 ASEAN の人口

1位	インドネシア	247.95百万人
2位	フィリピン	97.48
3位	ベトナム	89.69
4位	タイ	68.23
5位	ミャンマー	50.98
6位	マレーシア	29.95
7位	カンボジア	15.09
8位	ラオス	6.77
9位	シンガポール	5.4
10位	ブルネイ	0.41
	ASEAN 合計	611.95
	日本（世界10位）	127.34
	全世界	7,022.86

（出典：IMF-World Economic Outlook Databases（2014年10月版））

C：ASEAN 経済共同体（AEC）

AEC ブループリント（工程表）
1）単一市場と生産基地
→①物品貿易，②サービス貿易，③投資，④資本移動，⑤人の移動，⑥優先統合分野，⑦食料・農業・林業
※優先12分野：木製品，自動車，ゴム製品，繊維，農産物加工，水産業，エレクトロニクス，e-ASEAN，ヘルスケア，航空，観光，物流
2）競争力ある経済地域
→①競争政策，②消費者保護，③知的所有権，④インフラ開発，⑤税制，⑥電子商取引
3）公平な経済発展
→①中小企業，② ASEAN 統合イニシアティブ
4）グローバル経済への統合
→①対外経済関係，②グローバルサプライネットワークへの参加

（出典：経済産業省 HP　http://www.meti.go.jp/policy/trade_policy/east_asia/activity/asean.html#part02）

を競っているのも，日本企業にとっての魅力です。

2 ASEAN進出の目的
～日本企業にとって魅力の多いASEAN

多くの企業がASEANに進出していますが，その目的には以下のようなものがあります。

● **マーケットを重視した進出**

ASEANには人口が増加している国，さらに相対的に貧しく，若年層が多い国が多数あるため，車やオートバイといった耐久消費財を拡販する余地が多く存在します。さらに日本では供給過剰になっているサービス業や一般消費財の分野でも，ASEANでは未成長の分野が多く，「成長するマーケット」がASEAN進出の目的の1つです。

● **生産を重視した進出**

ASEANの多くの国の人件費は日本と比較するとまだ低く，生産コストを重視する企業にとってASEANは魅力的です。またサプライチェーンが整っている国も多く，例えばタイの自動車部品の現地調達比率は95％以上に達しています。さらに業種によっては，親会社や取引先の多くがASEAN進出をすでに果たしており，生き残りを図るために進出せざるを得ないといった状況もあります。

● **リスクヘッジを重視した進出**

「チャイナプラスワン」という言葉があります。これは反日感情の強い中国に生産拠点を持っている会社が，リスクヘッジのためにASEANなどにも生産拠点を増設することをいいます。ASEANの親日感情は一般的に高く，誘致活動にも熱心なこともあり，ASEANはカントリーリスクを分散したい企業にとっては有望な進出先です。

● **イスラム教へのアプローチ**

イスラム教は世界の人口の20％以上を信徒に持つ宗教ですが，食べ物などの生活習慣に対する規律が多く，また一般の日本人にとって馴染みの薄い宗教です。例えばインドネシアやマレーシアにはイスラム教の信徒が多く，また比較的穏健派が多いため，イスラム圏とビジネスを行う

A：2010年と2050年のGDP予測

(単位：2005年基準購買力平価における10億ドル)

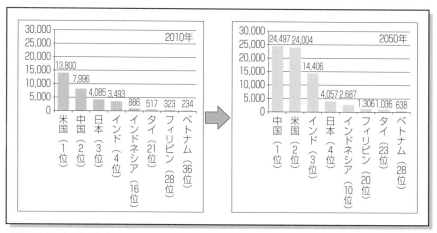

(注) 日本の生産性が先進国平均並みを前提に予測（同レポート内「基本シナリオ1」のケース）
(出典：一般社団法人日本経済団体連合会　21世紀政策研究所「グローバルJAPAN－2050年シミュレーションと総合戦略－」)

B：2013年四輪と二輪の生産台数

(単位：千台)

	乗用車	トラック・バス	四輪計	二輪
インドネシア	925	283	1,208	7,780
タイ	1,123	1,410	2,533	2,219
フィリピン	48	4	52	729
ベトナム	39	2	41	データなし
中国	18,085	4,032	22,117	22,892
日本	8,189	1,441	9,630	563
世界合計	65,387	21,863	87,250	－

(出典：一般社団法人日本自動車工業会HP「世界各国／地域の四輪車生産台数」「世界各国／地域の二輪車生産台数」より作成)

うえでの入り口としてASEAN進出を考える企業も存在します。

多様化する海外取引と国際税務
～海外取引を行うと発生する課税関係

● **多様化する海外取引**

　日本に住む私たちは海外との関わりなしに生きていくことはできません。食材・衣服・耐久消費財など多くのものを輸入に頼っていますし，多くの企業が輸出をして利益を得ています。このため海外との輸出入取引や海外への投資は，震災期など特殊な時期を除いて増加傾向にあります。日本企業の海外との取引は，以下のように多様化してきています。

- 輸出入取引……一般的に行われる輸出・輸入取引です。
- 販売代理店取引……販売に関する代理店を海外に置く取引をいいます。代理店は売主のための仲介役であり，活動から生じる損益やリスクは売主に帰属します。
- OEM取引……依頼主である企業が，他のメーカーに対して，依頼主のブランドの生産を委託する取引をいいます。
- 知的財産のライセンス取引……メーカーが「他社から実施を許諾された知的財産」を利用して自社のリスクで生産を行い，知的財産の実施権の対価としてライセンスフィーを支払う取引をいいます。
- 海外子会社の設立，現地企業との合弁といった直接投資……海外に子会社や，現地企業との合弁会社を設立して，そこを拠点に営業活動を行います。

● **海外取引によって発生する課税関係**

　多くの海外取引を行うと損益が発生して，日本と相手国でそれぞれ課税関係が発生します。海外と取引をする場合，日本の税金だけでも，国内取引で発生する課税関係のほかに，源泉所得税，外貨換算，移転価格税制など海外取引特有の課税関係が生じます。これに加えて海外の相手国の側でも似たような問題が発生するのですから事は複雑です。海外と取引する場合は，発生する課税関係を明らかにして慎重に行う必要があります。

A：日本における輸入と輸出の推移

(単位：百万円)

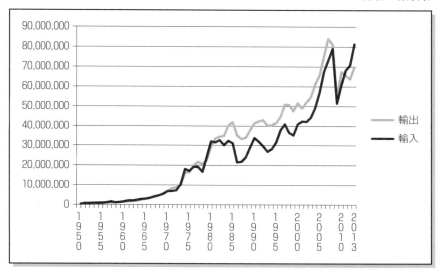

(出典：財務省貿易統計から作成)

B：海外直接投資額の推移

(単位：億円)

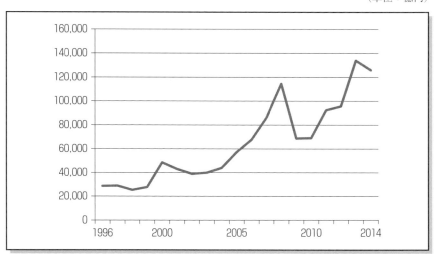

(出典：財務省HPから作成)

日本企業の ASEAN への進出形態
～日本企業が海外進出する際の選択肢

　日本企業の ASEAN への進出（投資）形態は，直接進出（投資）と間接進出（投資）に分類できます。

● 直接進出（投資）
　自社単独で出資（独資）する子会社を現地に設立する場合や，現地企業との合弁会社の設立，支店や駐在員事務所の設置をいいます。

　何らかの拠点を設立して，そこに自社の社員を現地に派遣することが多いため，相対的に ASEAN での事業を自社でコントロールしやすいといったメリットがある反面で，ヒト・モノ・カネ・情報といった経営資源を相対的に多く投資しなくてはならないため，それが乏しい企業にとっては大きな負担やリスクが生じます。

● 間接進出（投資）
　海外代理店への販売委託，海外企業への生産委託・技術供与などといった手法をいいます。

　経営資源の投資が相対的に少なくて済むため，投資リスクが相対的に小さいといったメリットある反面で，事業の多くの部分を提携する現地企業に委ねることになるため，事業のイニシアチブが取りにくく，自社のノウハウが流出しやすくなるといったデメリットも存在します。

● 進出形態選択のポイント
　企業が ASEAN 進出する場合，その目的を明確にしたうえで現状をシビアに分析して，それを決定する必要があります。具体的には人口構成・政治・経済・社会情勢・法規制・税制といったマクロ的な環境分析のほか，労務環境，サプライチェーン・物流環境，マーケティング，ビジネスパートナー・販売先や仕入先の有無といった自社独自の環境分析，さらには自社内の社内管理体制・人材・資金・知的財産といった事項を分析する必要があります。これらを行ったうえで自社の SWOT（強み，弱み，機会，脅威）分析などを行って進出形態を決定するのが一般的です。

直接進出の具体的な形態

独資による子会社	自社（グループ）だけで子会社を海外に設立するため，自社の戦略を機動的に実行しやすいというメリットがありますが，進出に要する経営資源を自力で調達する必要があり，他から人材やノウハウを享受しにくいというデメリットがあります。国や業種によっては，外資規制によって，独資による設立が認められない場合もあります。
現地企業との合弁会社	独資による子会社設立と比較して，現地企業のノウハウを享受することで，事業をスムーズに運営できる可能性が高まります。一方で現地企業の力が強すぎてイニシアチブが取りにくくなったり，ノウハウが流出する可能性が高まります。合弁会社を設立する場合は，相手企業が信用できることをよく確認したうえで，出資比率などの条件交渉をしっかり行う必要があります。
駐在員事務所	多くの場合，駐在員事務所の業務内容は連絡業務，情報収集，市場調査などに限定されおり，一般的に現地で営業活動を行うことはできません。進出目的に照らして，この形態が適合しているかどうかを確認する必要があります。
支　店	日本の法人が海外に，同一法人の拠点を設ける形態です。営業活動が認められることが多く，その点で駐在員事務所とは異なりますが，進出する国や業種によっては設置が禁止または制限を受ける場合があります。

5 国際税務の意義
～海外取引をする場合に国際税務が問題となる

　一般的に国際税務とは，国際取引をする際などに複数の取引当事国で発生する課税関係をいいます。例えば日本には国際税務という税法はありませんが，多くの国では税法などの法律，租税条約などによって国際取引時の課税関係を規定しています。これらを総称して国際税務と呼んでいるのです。日本企業がASEANの支店または子会社と輸出・輸入取引をする場合，税務に関して，例えば以下の事項に気をつける必要があります。なお，法人の輸出入以外での活動や，個人の経済活動によっても国際税務は問題になるので注意が必要です。

● **外貨換算**
　外貨建取引に関する外貨換算や，期末残高の債権・債務に関する外貨換算を行う必要があります。

● **消費税と相手国の付加価値税（VAT）**
　日本の消費税は原則として，輸出の場合は免税，輸入した際は課税されます。またASEANの付加価値税（VAT）は，日本の消費税とは方式が異なるので注意が必要です。

● **源泉徴収税と相手国での外国税額控除**
　国によって源泉徴収税の範囲や税率が異なるため注意が必要です。源泉された税金は，二重課税を排除するため，取引の相手国の税金から控除できる仕組みがあります（外国税額控除）。

● **租税条約**
　相手国と租税条約が締結されているかどうか，また締結されている場合はその内容を確認する必要があります。

● **移転価格税制**
　第三者との取引価格以外で海外の子会社などの国外関連者と取引をする場合，その取引が独立企業間価格で行われたものとして移転価格税制が適用されます。

国際税務で問題となるその他の論点

```
・海外関係会社との給与などの費用負担割合
・外国の子会社からの受取配当金の益金不算入制度
・海外へ支払うロイヤルティに関する源泉徴収や移転価格
・海外会社からのストック・オプション
・三角合併，三角吸収分割，三角株式交換など国際的な組織再編
・負債利子に関する過少資本税制
・個人の給与等に係る源泉徴収と外国税額控除制度
・個人の海外不動産の賃貸料収入，売買に関する源泉徴収と外国
　税額控除制度
・国際相続
など
```

● **タックスヘイブン対策税制**
　国内法人が軽課税国に活動実態の乏しい子会社等を設立した場合，当該子法人等の所得が持分に応じて日本で課税されます。

● **海外取引時の関税**
　輸出入に伴って，品名や相手国ごとに決定されている関税が課されます。

租税条約の意義と役割
～海外との二重課税回避などを目的としている

● 租税条約の必要性

　例えば日本で設立された法人，もしくは日本に住んでいる個人でありながら，海外でビジネスを行って利益を得ることは珍しくありません。この場合，日本と海外でそれぞれ課税関係が生じて，1つの経済事象に対して二重に税金が発生する可能性があります（二重課税）。これでは自国民は安心して，海外でビジネスを行うことはできません。

　そこで日本も含めて多くの国では，例えば日本で支払うべき税金から，海外で支払った税金を控除する「外国税額控除制度」によって二重課税を回避することを図っていますが，この制度だけで二重課税を完全に回避することはできません。

　それを根本から回避するためには，当事者国同士で協議して，二重課税を発生させないために，どちらか一方のみが課税するしか方法はないのです。この当事者国同士の取り決めが租税条約です。

● 租税条約の意義

　租税条約と一般的には呼ばれますが，正式には「所得に対する租税に関する二重課税の回避及び脱税の防止のための日本国政府と○○国政府との間の条約」という名前の条約です。租税条約は健全な投資や経済交流の促進を目的として，具体的には二重課税の回避や脱税および租税回避等への対応を国や地域間で規定するため二国間で締結されます。

　本来であれば，日本がすべての国・地域との間で，すべての課税関係が発生する分野について租税条約を締結すれば，日本と多国間で二重課税の問題は発生しませんが，現状ではそうはなっていません。日本は91の国・地域の間で64の同条約を締結していますが（平成27年9月1日現在），当該条約が締結されていない国との取引や，当該条約が規定してない分野での手当てはまだなされてはいません。

日本と租税条約を締結している国々

(64条約，91ヵ国・地域／平成27年9月1日現在)

欧州 (36)

アイルランド　スウェーデン　ノルウェー　ポルトガル　ガーンジー (※)
イギリス　スペイン　ハンガリー　ポーランド　ジャージー (※)
イタリア　スロバキア　フィンランド　ルクセンブルク　マン島 (※)
オーストリア　チェコ　フランス　ルーマニア　リヒテンシュタイン (※)
オランダ　デンマーク　ブルガリア
スイス　ドイツ　ベルギー
(税務行政執行共助条約のみ)
アイスランド　エストニア　ギリシャ　スロベニア　ラトビア
アルバニア　キプロス　クロアチア　マルタ　リトアニア

ロシア・NIS 諸国 (12)

アゼルバイジャン　ジョージア
アルメニア　タジキスタン
ウクライナ　トルクメニスタン
ウズベキスタン　ベラルーシ
カザフスタン　モルドバ
キルギス　ロシア

北米 (2)

アメリカ　カナダ

中南米 (10)

ブラジル　ケイマン諸島 (※)
メキシコ　バハマ (※)
英領バージン諸島 (※)　バミューダ (※)
(税務行政執行共助条約のみ)
アルゼンチン　コロンビア
コスタリカ　ベリーズ

中東 (6)

アラブ首長国連邦　クウェート
イスラエル　サウジアラビア
オマーン　トルコ

アフリカ (6)

エジプト　南アフリカ　ザンビア
(税務行政執行共助条約のみ)
ガーナ　チュニジア
ナイジェリア

東・東南アジア (11)

インドネシア　ブルネイ
韓国　ベトナム
シンガポール　香港
タイ　マレーシア
中国　マカオ (※)
フィリピン

大洋州 (4)

オーストラリア
ニュージーランド
フィジー
サモア (※)

南アジア (4)

インド
スリランカ
パキスタン
バングラデシュ

(注) 1　多国間条約である税務行政執行共助条約，及び，旧ソ連・旧チェコスロバキアとの条約の複数国への承継のため，条約数と国・地域数が一致しない。
　　 2　条約数，国・地域数の内訳は以下のとおり。
・二重課税の回避，脱税及び租税回避等への対応を主たる内容とする条約（いわゆる租税条約）：53条約，64ヵ国・地域
・租税に関する情報交換を主たる内容とする条約（いわゆる情報交換協定）：10条約，10ヵ国・地域（図中，（※）で表示）
・税務行政執行共助条約（締結国は我が国を除いて全51ヵ国（図中，国名に下線），うち我が国と二国間条約を締結していない国は17ヵ国）

(出典：財務省 HP より作成)

7 OECD モデル条約の意味
～OECD モデル条約は租税条約の国際標準

● **OECD モデル条約の意味**

　租税条約は複数の国や地域にまたがる二重課税の回避や脱税および租税回避等への対応を，国や地域間で規定するために国や地域間で締結されるものです。それぞれの国等によって事情が違うため，国際的な標準形がなければ条約を締結するたびに，その内容について 1 つひとつ互いに交渉して決定していかなければなりません。そこで作成されているのが，国際標準である「OECD モデル租税条約」です。

　OECD モデル条約は，OECD（経済協力開発機構：Organization for Economic Co-operation and Development）が作成したもので，加盟国に対して採用を勧告しているものであって，強制力はありません。しかし日本を含めた各国は，それを租税条約締結の際の「ひな型」として採用しており，そこに自国の事情を加味して締結交渉の原文を作成しています。

　なおこれとは別に，先進国と発展途上国間の租税条約に関するモデル条約として，国連モデル条約があります。

● **OECD モデル条約の内容（財務省 HP より転載）**
- 二重課税の回避
  - ○源泉地国（所得が生ずる国）の課税できる所得の範囲の確定
    - ・事業所得は，支店等の活動により得た所得のみに課税
    - ・投資所得（配当，利子，使用料）は，税率の上限を設定
  - ○居住地国における二重課税の排除方法
    - ・外国税額控除等
  - ○税務当局間の相互協議（仲裁を含む）による条約に適合しない課税の解消
- 脱税及び租税回避等への対応
  - ○税務当局間の納税者情報（銀行機密を含む）の交換
  - ○租税に関する徴収共助

OECD モデル条約 (2014年版) (MODEL CONVENTION WITH RESPECT TO TAXES ON INCOME AND ON CAPITAL)

CHAPTER I
Scope of the Convention(条約の範囲)
Art. 1 Persons Covered(人的範囲)
Art. 2 Taxes covered(対象項目)

CHAPTER II
Definitions(定　義)
Art. 3 General definitions(一般的定義)
Art. 4 Resident(居住者)
Art. 5 Permanent establishment(恒久的施設)

CHAPTER III
Taxation of income(所得に対する課税)
Art. 6 Income from immovable property(不動産所得)
Art. 7 Business profits(事業利得)
Art. 8 Shipping, inland waterways transport and air transport(海運, 内陸水路運輸及び航空運輸)
Art. 9 Associated enterprises(特殊関連企業)
Art. 10 Dividends(配　当)
Art. 11 Interest(利　子)
Art. 12 Royalties(使用料)
Art. 13 Capital gains(譲渡収益)
Art. 14 [Deleted][削除]
Art. 15 Income from employment(給与所得)
Art. 16 Directors' fees(役員報酬)
Art. 17 Entertainers and sportspersons(芸能人とスポーツマン)
Art. 18 Pensions(退職年金)

Art. 19 Government Service(政府職員)
Art. 20 Students(学　生)
Art. 21 Other income(その他所得)

CHAPTER IV
Taxation of capital(財産に対する課税)
Art. 22 Capital(財　産)

CHAPTER V
Methods for elimination of double taxation(二重課税排除の方法)
Art. 23 A Exemption method(免除方式)
Art. 23 B Credit method(税額控除方式)

CHAPTER VI
Special provisions(雑　則)
Art. 24 Non-discrimination(無差別取扱い)
Art. 25 Mutual agreement procedure(相互協議)
Art. 26 Exchange of information(情報交換)
Art. 27 Assistance in the collection of taxes(徴収共助)
Art. 28 Members of diplomatic missions and consular posts(外交官)
Art. 29 Territorial extension(適用地域の拡張)

CHAPTER VII
Final provisions(最終規定)
Art. 30 Entry into force(発　効)
Art. 31 Termination(終　了)

8 国際税務とタックスプランニング
～キャッシュフローに重要な影響を与える国際税務

　企業にとって税金はキャッシュフローに重要な影響を与えます。脱税は犯罪であり行ってはなりませんが，合法でかつ課税関係が異なる場合は，キャッシュアウトを少なくするほうを選択するのは自然です。日本は法人実効税率の引下げを実行しており，法人税率は随分低くなってきてはいますが，それでもまだそれは国際的に高い水準にあります。税金だけを考えると，結果として，日本でなくて海外での課税を選択したほうが，キャッシュアウトを減少させるケースも存在します。国際的なタックスプランニングでは以下のような項目が論点になります。

● 海外の進出拠点を支店もしくは子会社のどちらにするか

　日本は「全世界所得課税」の考え方を採用しており，「内国法人」が世界中で稼いだ所得が法人税の課税対象となります。このため「海外支店」の所得は日本での課税対象となりますが，「海外子会社」は外国法人であるため，原則として日本での課税対象とはなりません。

● ビジネスの機能をどこの国に持たせるのか

　例えばメーカーの場合，日本で製造した製品を海外に輸出するのか，海外子会社にライセンスを供与して，海外で製品を製造するのかによって課税関係が異なります。

● タックスヘイブン対策税制への対応

　国内法人が軽課税国に活動実態の乏しい子法人等を設立した場合，当該子法人等の所得が持分に応じて日本で課税されます。

● 移転価格

　第三者との取引価格以外で国外関連者（海外子法人など）と取引をする場合，その取引が独立企業間価格で行われたものとして移転価格税制が適用されます。移転価格税制については，日本だけでなくてASEAN所得でもたびたび問題となるので注意が必要です。

国・地方合わせた法人税率の国際比較

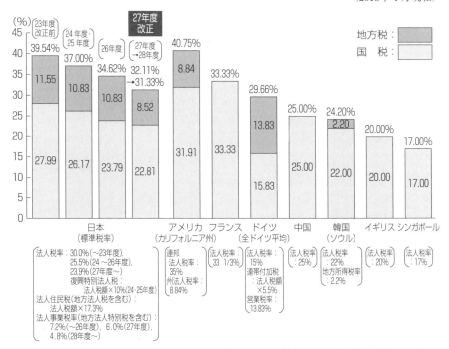

1. 上記は法人所得に対する税率。なお，法人所得に対する租税負担の一部が損金算入されることを調整した上で，国・地方それぞれの税率を合計している。
2. 日本の地方税のうち法人事業税（地方法人特別税を含む。）については，外形標準課税の対象となる資本金1億円超の法人に適用される税率を用いている。このほか，付加価値割及び資本割が課される。

（出典：財務省HP（https://www.mof.go.jp/tax_policy/summary/corporation/084.htm）から一部抜粋）

● 関税

　関税は輸入国の法律によって品目ごとに定められているものと輸出国との条約によって定められているものがあります。特に日本とASEAN諸国との関税と，ASEAN域内での関税が異なることには注意が必要です。

ASEAN 進出時のトラブル

　ASEAN は日本から近く，例えば一番近いフィリピンは飛行機でたった 4 時間の距離にあります。また同じアジアでもあるため，私たちにとって親近感はありますが，そうはいっても文化や習慣が異なる外国です。ASEAN 諸国とビジネスを行う場合は，予期しないトラブルが発生することも想定して，ビジネスをする必要があります。トラブルは発生した企業の数だけパターンがありますが，例えば ASEAN 進出時の典型的なトラブルには以下のものがあります。

■　間接進出のトラブル
- 現地の海外代理店が積極的に販売活動を行わず，思ったように販売量が増加しない。
- 海外企業に生産委託をしたが，品質が安定しておらず，このままでは販売することができない一方で，技術だけが流出している。
- 技術供与を行ったが，契約外に生産されて，ロイヤルティの支払がごまかされている。

■　直接進出時のトラブル
- 現地の従業員を雇用して生産を開始したが，従業員を管理できずに生産性が悪い。また離職率が高く，優秀な人材を採用することができない。
- 現地の法人が法律違反を起こし，当局から認可の取消しや営業停止を命じられた。
- 日本人の社長が社内を把握できておらず，金銭や在庫の横領が行われているようだ。
- 日本から輸入をしているが，現地当局から関税に関して思わぬ追徴を受けた。さらに移転価格についても指摘を受けており，法人税についても問題となっている。

　海外取引をする際は，「うまくいく」ことを前提にして行動しがちですが，特に最初は相手に関する信用調査や各分野の専門家に相談するなどして，慎重にビジネスを進めていく必要があります。

第2章

日本の国際税務
―― 法人編

9 移転価格税制の概要
～独立企業間価格がキーワード

● 課税の仕組み

移転価格税制とは，法人がその法人の海外子会社等の国外関連者との間で資産の販売，または資産の購入，役務の提供等の取引を行った場合に，その取引が独立企業間価格で行われないために，その法人が本来獲得すべき所得が国外関連者に移転したと認められる場合に，その取引が独立企業間価格で行われたものとみなして課税を行う制度です。

法人が国外関連者と取引を行う場合には，独立企業間価格に照らして適切な価格で取引を行う必要があります。

● 納税義務者

移転価格税制における納税義務者は，日本において法人税の納税義務を有する法人が該当します。普通法人はもちろん，協同組合等，公益法人等，人格のない社団等の内国法人，さらには国内に恒久的施設を有する外国法人等も納税義務者となる場合があります。

● 国外関連者

国外関連者とは，外国法人で，内国法人との間にいずれか一方の法人が他方の法人の発行済株式または出資の総数または総額の50％以上を直接または間接に保有する関係，または，特殊関係のあるものをいいます（右図表Bを参照）。

● 適用対象取引

適用対象取引とは，法人が国外関連者と行う資産の販売，資産の購入，役務の提供その他の取引をいいます（以下「国外関連取引」という）。

また，法人が国外関連者との取引を第三者を通じて行っている場合に，取引を行う時点で第三者を通じて行うことについて，あらかじめ契約等で決められている場合で，その取引における対価の額がその法人と国外関連者との間で実質的に決定されていると認められる場合には，その取引を国外関連取引とみなして移転価格税制を適用することになります。

A：国外関連者の例

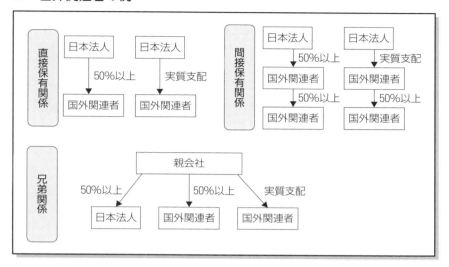

B：特殊関係のあるものとは

次の①から④に掲げる事実その他これに類する事実が存在することにより2つの法人のいずれか一方の法人が他方の法人の事業の方針の全部または一部につき実質的に決定できる関係	
①	一方の法人の役員・従業員が他方の法人の役員の2分の1以上
②	一方の法人の役員または従業員が他方の法人の代表権を有する役員
③	他方の法人がその事業活動の相当部分を一方の法人に依存
④	他方の法人がその事業活動に必要な資金の相当部分を一方の法人に依存

10 移転価格税制の独立企業間価格
~算定方法の選定と比較対象取引

　移転価格税制においては，国外関連者との取引価格が法令で定められた独立企業間価格の算定方法に基づく価格に照らして妥当かどうかを検討することが求められます。独立企業間価格の算定方法における概要は以下のとおりです。

● **独立企業間価格算定方法の選定**

　独立企業間価格の算定方法は，棚卸資産の販売または購入とそれ以外の取引に区分され，その取引に応じて定められた方法（右図表A参照）のうち，最も適切は方法を選定することとされています。いわゆるベストメソッドルールです。

　最も適切な方法とは，その取引が独立した第三者間で行われた場合に通常取引される条件に従って行われる対価の額を算定するために最も適切な方法とされています。国外関連者との取引の内容，その国外関連取引の当事者が果たす機能その他の事情を勘案して選定する必要があります。

● **比較対象取引の選定**

　独立企業間価格の算定の基礎となる取引（以下「比較対象取引」という）は，国外関連取引との類似性の程度が十分な非関連者間取引とされています。例えば棚卸資産の販売または購入の場合には，国外関連取引に係る棚卸資産の同種性や類似性が求められます。

　棚卸資産の同種性または類似性とは，国外関連取引に係る棚卸資産と性状，構造，機能等の面において同種または類似していることを意味します。

　また，比較対象取引の選定にあたり，国外関連取引と非関連者間取引との類似性の程度を判断する場合には，取引内容やそれぞれの果たす機能やリスク等の諸要素を検討する必要があります（右図表B参照）。

A：独立企業間価格の算定方法

棚卸資産の売買取引	棚卸資産の売買取引以外の取引
【基本3法】 ①独立価格比準法 ②再販売価格基準法 ③原価基準法	【基本3法と同等の方法】 ①独立価格比準法と同等の方法 ②再販売価格基準法と同等の方法 ③原価基準法と同等の方法
【基本3法に準ずる方法】 ①独立価格比準法に準ずる方法 ②再販売価格基準法に準ずる方法 ③原価基準法に準ずる方法	【基本3法に準ずる方法と同等の方法】 ①独立価格比準法に準ずる方法と同等の方法 ②再販売価格基準法に準ずる方法と同等の方法 ③原価基準法に準ずる方法と同等の方法
【その他政令で定める方法】 ①比較利益分割法 ②寄与度利益分割法 ③残余利益分割法 ④取引単位営業利益法 ⑤上記①から④までの方法に準ずる方法	【その他政令で定める方法と同等の方法】 ①比較利益分割法と同等の方法 ②寄与度利益分割法と同等の方法 ③残余利益分割法と同等の方法 ④取引単位営業利益法と同等の方法 ⑤左欄の⑤の方法と同等の方法

(出典：国税庁「移転価格税制の適用に当たっての参考事例集」)

B：比較対象取引選定の検討要素

- 棚卸資産の種類，役務の内容等
- 売手または買手の果たす機能（売手または買手の研究開発・マーケティング，アフターサービス等の機能の相違や負担するリスク，使用する無形資産等も考慮する）
- 契約条件（貿易条件，決済条件，返品条件，契約更改条件等の相違を考慮する）
- 市場の状況（取引段階，取引規模，取引時期の相違や政府の政策の影響等も考慮する）
- 売手または買手の事業戦略（売手または買手の市場開拓・浸透政策等の事業戦略や市場参入時期等の相違等も考慮する）

11 移転価格税制の推定課税
~移転価格文書の作成が非常に重要

● 推定課税の概要

法人が，税務当局から国外関連取引に係る独立企業間価格を算定するために必要と認められる書類（右図表A・B参照）の提出等を求められた場合に，法人がこれらを遅滞なく提出等しなかったときは，税務当局が算定した金額を独立企業間価格と推定して，その法人の事業年度の所得の金額または欠損金額について更正または決定をすることができるとされています。いわゆる，推定課税です。

平成22年度税改正では，それまで明確化されていなかった「独立企業間価格を算定するために必要と認められる書類」が規定されました。

納税者は，税務当局から推定課税されないために，国外関連取引を整理し，必要書類を準備しておくことが必要となります。

● 移転価格文書の作成

「独立企業間価格を算定するために必要と認められる書類」が明確化されたことにより，移転価格調査の際にそれらの書類を提示できるように，今後は移転価格文書の整備が重要になります。

移転価格文書を作成することは，推定課税はもちろん，移転価格更正リスクを回避するために非常に重要な作業です。国外関連者との取引における事実関係を整理し，国外関連者の取引における価格が，選定した移転価格算定方法に基づいて算定された価格と比較して妥当であることを説明できるよう準備する必要があります。

移転価格文書で記載する主な内容は以下のとおりです。

- 事実分析【会社概要，沿革，組織図，出資関係図，事業内容，過去の業績等】
- 産業分析【業界の動向，市場の状況等】
- 国外関連者取引分析【取引の内容，商流図，有形資産取引，無形資産取引等】

Ａ：国外関連取引の内容を記載した書類

イ	国外関連取引に係る資産の明細および役務の内容を記載した書類
ロ	国外関連取引において当事者が果たす機能ならび負担するリスクに係る事項を記載した書類
ハ	国外関連者が国外関連取引において使用した無形固定資産その他の無形資産の内容を記載した書類
ニ	国外関連取引に係る契約書または契約の内容を記載した書類
ホ	国外関連取引における対価の額の設定の方法および設定に係る交渉の内容を記載した書類
ヘ	国外関連取引に係る損益の明細を記載した書類
ト	国外関連取引に係る資産の販売，資産の購入，役務の提供その他の取引について行われた市場に関する分析その他市場に関する事項を記載した書類
チ	国外関連者の事業の方針を記載した書類
リ	国外関連取引と密接に関連する他の取引の有無およびその内容を記載した書類

Ｂ：独立企業間価格を算定するための書類

イ	法人が基本３法または基本３法に準ずる方法を選定した場合にその方法およびその選定の理由を記載した書類その他法人が独立企業間価格を算定するにあたり作成した書類（ロからホまでに掲げる書類を除く）
ロ	法人が採用した国外関連取引に係る比較対象取引の選定に係る事項および比較対象取引等の明細を記載した書類
ハ	法人が基本３法以外の方法または基本３法に準ずる方法以外の方法を選定した場合におけるこれらの方法により法人および国外関連者に帰属するものとして計算した金額を算出するための書類（ロおよびホに掲げる書類を除く）
ニ	法人が複数の国外関連取引を１つの取引として独立企業間価格の算定を行った場合のその理由および各取引の内容を記載した書類
ホ	比較対象取引等について差異調整を行った場合のその理由および差異調整等の方法を記載した書類

- 機能リスク分析【有する機能（販売，製造，生産管理，購買，研究開発，一般管理等），負担するリスク（在庫，投資，信用，研究開発，為替等）】
- 経済分析【利益水準指標，比較対象企業，比較対象取引，分析結果等】

12 移転価格税制の相互協議
～国際的な二重課税の救済手段

● **相互協議の概要**

相互協議とは，国際的な二重課税問題を解決するために，租税条約の規定に基づいて条約締結国の税務当局間で行われる協議手続です。移転価格税制が適用され国際的な二重課税が生じた場合などに，国内法における救済手段とは別に救済のための申立てを行うことができ，移転価格税制においては，救済手段として重要な役割を果たしています。

相互協議の申立ては，「相互協議申立書」と一定の資料を税務当局に提出することにより行います。移転価格課税を受けたことを理由に相互協議を求める場合や，事前確認の申出に伴い相互協議を求める場合などには，申立てを行うことができます。

● **対応的調整**

法人が国外関連者と行った取引について，独立企業原則に則して移転価格課税が行われた場合には，取引の相手方である法人の所得を減額する調整を行うことになります。このことを対応的調整といいます。

内国法人が租税条約の締結国にある国外関連者との取引において，移転価格課税が行われた場合に，租税条約の相手国の権限ある当局と日本の税務当局との間で取引価格についての合意が成立し，内国法人が当局間の合意に基づいて更正の請求を行うことを要件として，対応的調整が行われることになります。

相互協議は，一方の締結国の法人において税務調査や更正が行われてはじめて申立てが行われることになり，合意に至るまでには相当の期間を要することから，国税通則法では，一定の手当てがされています。

租税条約に規定する権限のある当局間の協議により，その申告，更正または決定に係る課税標準等または税額等に関して，その内容と異なる内容の合意が行われた場合には，その合意が生じた日の翌日から起算して2ヵ月以内に更正の請求をすることができることとされています。

相互協議の流れ

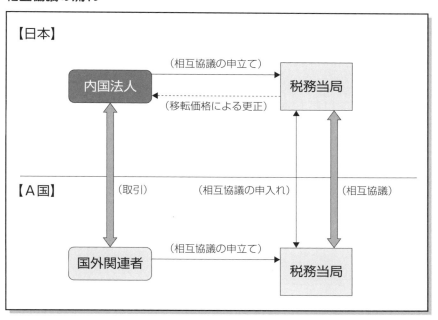

13 移転価格税制の事前確認制度
～税務当局に確認・相談できる

● 概要

事前確認制度は，法人が国外関連取引に係る独立企業間価格の算定方法等について，税務当局に対して事前確認の申出を行うことにより，その算定方法等について税務当局に確認し，または合意を得ることのできる制度です。事前確認の結果，最も合理的な方法であると認められた場合には，事前確認の内容に基づいて申告を行う限り，その確認取引は独立企業間価格で行われたものとして取り扱われることになります。

● 手続の流れ

事前確認の申出は，事前確認を受けようとする事業年度，国外関連者，対象となる国外関連取引および独立企業間価格の算定方法等を記載した申出書を，事前確認の対象となる事業年度開始日までに法人の納税地の所轄税務署長に提出して行います。申出書の提出にあたっては，右図表に記載の資料を添付する必要があります。

事前確認制度には，相互協議を伴う事前確認と相互協議を伴わない日本のみで行う事前確認があります。納税者は事前確認に伴い相互協議を求めることができます。

事前確認の対象となる事業年度は，原則として3事業年度が予定されています。

納税者は，事前確認に先立ち，国税局の担当課に事前相談を行うことができることとされています。正式に事前確認の申出を行う前に，事前確認の必要性や審査に必要な資料，相互協議の必要性など相談を行ったうえで，申出を行うかどうか，相互協議を求めるかどうかを決めることができます。

審査の結果は通知により連絡が行われます。その結果，確認の内容に適合した申告を行っている場合には，事前確認を行った取引は，独立企業間価格で行われたものとして取り扱われることになります。

事前確認における添付資料

①	確認対象取引およびその取引を行う組織等の概要を記載した資料
②	事前確認を求めようとする独立企業間価格の算定方法等およびそれが最も合理的であることの説明資料
③	事前確認を行い，かつ，事前確認を継続するうえで前提となる重要な事業上または経済上の諸条件に関する資料
④	取引および資金の流れ，取引に使用される通貨の種類等確認対象取引の詳細を記載した資料
⑤	確認対象取引に係る国外関連者と確認申出法人との直接もしくは間接の資本関係または実質的支配関係に関する資料
⑥	確認対象取引において確認申出法人および国外関連者が果たす機能に関する資料
⑦	確認申出法人および国外関連者の過去3事業年度分の営業および経理の状況その他事業の内容を明らかにした資料（確認対象取引が新規事業または新規製品に係るものであり，過去3事業年度分の資料を提出できない場合には，将来の事業計画，事業予測の資料等これに代替するもの）
⑧	国外関連者について，その所在地国で移転価格に係る調査，不服申立て，訴訟等が行われている場合には，その概要および過去の課税状況を記載した資料
⑨	事前確認の申出に係る独立企業間価格の算定方法等を確認対象事業年度前3事業年度に適用した場合の結果等確認申出法人が申し出た独立企業間価格の算定方法等の具体的説明資料
⑩	その他事前確認にあたり必要な資料

（出典：移転価格事務運営要領5-3）

14 OECD移転価格ガイドライン
～納税者と税務当局に向けられた国際的な指針

● **OECD移転価格ガイドライン**

OECD移転価格ガイドラインとは，正式名称を「Transfer Pricing Guidelines for Multinational Enterprises and Tax Administrations（「多国籍企業と税務当局のための移転価格算定に関する指針」）」といい，OECD（経済協力開発機構）租税委員会が公表している移転価格税制に関する国際的な指針です。納税者と税務当局の双方に向けられた指針となっています。

本ガイドラインは，各国に対する強制力はありませんが，OECDは各加盟国に対して各国での移転価格税制の執行にあたり準拠することを推奨しています。

日本においても，移転価格事務運営要領の第1条の「基本方針」において，移転価格税制に基づく課税により国際間の二重課税が生じた場合には，必要に応じてOECD移転価格ガイドラインを参考にして適切な執行に努めるよう規定されています。

● **BEPSプロジェクトの動向**

OECDでは，現在，多国籍企業のビジネスを税務面から補足するにあたり，国際課税原則や各国国内税法の見直しの必要性が議論され，BEPS（税源浸食と利益移転）プロジェクトの行動計画の策定を行っています。

行動計画では，OECD移転価格ガイドラインの見直しとなるものが含まれています。行動計画13では，文書化のガイドラインが取りまとめられ，OECD移転価格ガイドラインの第5章（文書化）が差し替えられます。そのほか，第6章（無形資産），第7章（グループ内役務提供に対する特別な配慮）なども改正案が発表されています。

今後，日本でも，移転価格文書に関する規定が改正になることが予想されます。

BEPS行動計画13：移転価格文書および国別報告書のガイダンス
3つの移転価格文書

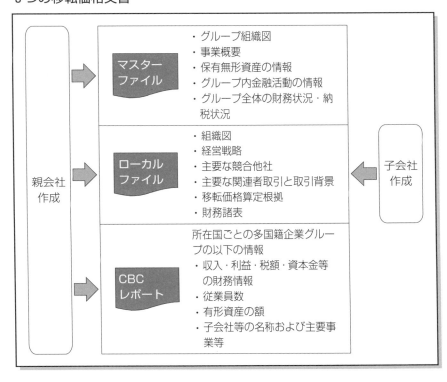

15 タックスヘイブン対策税制の概要
～軽課税国の子会社の所得を合算

● 制度の概要

日本の居住者や内国法人が，税の負担のない国や日本と比べて著しく低い国または地域に子会社等を設立して，それらの子会社等を通じて取引を行うことにより，税負担を軽減したり，回避したりする行為に対処するために導入された制度です。

居住者や内国法人が直接および間接に株式等の50％超を有する外国法人が，租税負担割合が20％未満の国や地域（以下「軽課税国」という）に所在している場合には，その法人において獲得した所得のうち，居住者または内国法人の有する持分割合に応じた所得をその居住者または内国法人の所得に合算して課税することになります。

ただし，日本企業の海外進出等を阻害しないように，適用除外基準を設け，独立した企業として健全な事業活動を行っている一定の企業については，合算課税を行わないこととしています。

● 基本的な仕組み

タックスヘイブン対策税制の基本的な仕組みは，右図表のとおりです。

① **納税義務者**

納税義務者は，特定外国子会社等の10％以上の株式等を直接および間接に保有する株主である居住者および内国法人とそれらと同一の同族株主グループに属する居住者および内国法人です。

② **対象となる外国関係会社の判定**

対象となる外国関係会社の判定は，外国法人のうち居住者および内国法人等の株式等の出資比率が50％超の法人をいいます。

③ **対象となる軽課税国の判定**

税負担割合が20％未満の国に所在する法人が対象となります。ただし，適用除外基準を設けて，一定の要件を満たす外国関係会社を課税対象から外しています。

タックスヘイブン対策税制（外国子会社合算税制）の概要

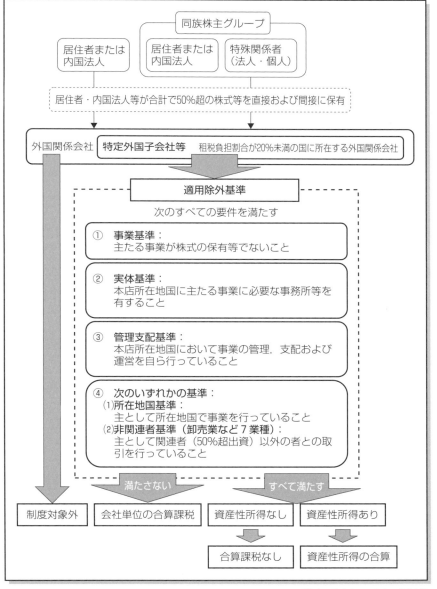

（出典：財務省HPから一部修正）

16 タックスヘイブン対策税制の適用要件
～特定外国子会社等とトリガー税率

　居住者および内国法人に係る特定外国子会社等が，適用対象金額を有する場合には，その適用対象金額のうちその居住者または内国法人の有する当該特定外国子会社等の直接および間接保有の株式等の数に対応する金額について，特定外国子会社等の各事業年度終了の日の翌日から2ヵ月を経過する日を含むその内国法人の各事業年度に合算して課税することになります。

● 外国関係会社

　外国関係会社とは，外国法人で，その発行済株式または出資等（その有する自己の株式等を除く）の総数または総額のうちに居住者および内国法人ならびに特殊関係非居住者が有する直接および間接保有の株式等の数の合計数または合計額の占める割合が50％を超えるものをいいます。

● 特定外国子会社等

　特定外国子会社等とは，外国関係会社のうち，本店または主たる事務所の所在する国または地域におけるその所得に対して課される税の負担が日本における法人の所得に対して課される税の負担に比して著しく低い国または地域に所在する外国関係会社をいいます。

● トリガー税率

　特定外国子会社等に該当するか否かの判定における税の負担が著しく低いとは，税負担割合が20％未満のことをいいます。いわゆるトリガー税率です。

　トリガー税率の計算は，右図表Bの計算式によって行われます。

　トリガー税率の計算にあたっては，現地の法令に基づいて計算を行うこととなります。また，特定外国子会社等に該当するかの判定については，外国関係会社の各事業年度において行われることになります。したがって，ある事業年度においては合算課税の対象となり，また別の事業年度においては対象外となることも生じ得ることになります。

A：外国法人，外国関係会社，特定外国子会社等の関係

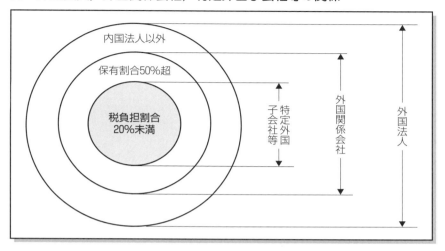

B：トリガー税率の計算式

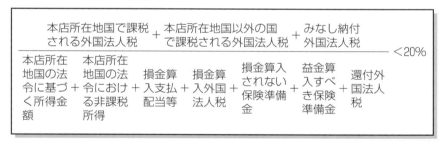

17 タックスヘイブン対策税制の適用除外基準
～独立した事業活動を行う企業，統括会社は適用除外

　タックスヘイブン対策税制では，単に軽課税国に所在するという理由で課税することで，海外進出する日本企業にとって他国の進出企業に比べて不利にならないよう，独立した企業として健全な事業活動を行っている一定の企業について，適用除外とする措置が設けられています。

　特定外国子会社等が以下のすべての要件を満たした場合に適用除外となります。

● 事業基準

　事業基準では，特定外国子会社等の営む主たる事業が次のものでないことが求められています。

- 株式等もしくは債券の保有（一定の「統括会社」を除く。右図参照）
- 工業所有権その他技術に関する権利，特別な技術による生産方式，著作権等の提供
- 船舶もしくは航空機の貸付け

● 実体基準

　実体基準では，特定外国子会社等の本店または主たる事務所の所在する国または地域（以下「本店等所在地国」という）において，主たる事業（事業持株会社にあっては，統括業務とする）を行うに必要と認められる事務所，店舗，工場その他の固定施設を有することが求められています。

● 管理支配基準

　管理支配基準では，特定外国子会社等の本店等所在地国において，その事業の管理，支配および運営を自ら行っていることが求められています。

● 所在地国基準または非関連者基準

　特定外国会社等が営む主たる事業が，卸売業，銀行業，信託業，金融商品取引業，保険業，水運業または航空運送業である場合には非関連者基準，それ以外の事業を営む場合には所在地国基準を満たす必要があります。

　所在地国基準では，主たる事業をその本店等所在地国において行うこ

A：「統括会社」の適用除外要件

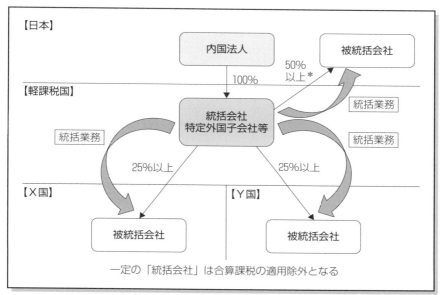

* 平成27年4月1日以降開始事業年度から適用。

B：統括会社の要件

①	1つの内国法人に発行済株式を100％保有されている
②	2つ以上の外国法人である「被統括会社」を含む複数の被統括会社に「統括業務」を行っている（被統括会社全体のうち外国法人である被統括会社の株式簿価または統括業務対価の割合が50％超）
③	本店等所在地国に統括業務に係る固定的施設等，および統括業務に従事する者を有する

C：被統括会社の要件

①	統括会社に発行済株式および議決権のいずれも25％以上保有されている
②	本店等所在地国に事業を行うに必要と認められるその事業に従事する者を有する

とが求められます。また，非関連者基準では，取引の50％超を非関連者と行うことが求められます。

18 タックスヘイブン対策税制の合算所得
〜3つのステップによる課税所得金額の算出

　居住者または内国法人の所得の計算上，合算されることとなる特定外国子会社等の合算所得の金額の計算は，特定外国子会社等の決算上の所得金額をベースとして，基準所得金額，適用対象金額，課税所得金額の3つの計算プロセスを経て算出されます。

● 基準所得金額の計算

　基準所得金額は，特定外国子会社等の各事業年度の決算に基づく所得の金額をスタートとして，日本の法人税法または現地の法令を適用して，一定の調整を加えた金額となります。

　現地の法令により計算する場合には，日本の法令を適用した場合と大きな差異が生じないよう，一定の項目について調整が必要となります。

● 適用対象金額の計算

　適用対象金額は，基準所得金額を基礎として，特定外国子会社等の当該各事業年度開始の日前7年以内に開始した各事業年度において生じた欠損金額および当該基準所得金額に係る税額に関する調整を加えて計算されます。

● 課税対象金額の計算

　課税所得金額は，特定外国子会社等の各事業年度の適用対象金額に，居住者または内国法人の株式等保有割合などを乗じて計算した金額となります。

　また，特定外国子会社等を複数有している場合には，個々の特定外国子会社等ごとに課税所得金額を算出し，仮に欠損金額となる特定外国子会社等があった場合でも，それらを損益通算することはできません。

● 資産性所得の合算

　平成22年度税制改正で，適用除外基準を満たす場合でも，特定外国子会社等が資産性所得を有している場合には，それらの所得を合算課税することとなりました。

課税対象金額の計算プロセス

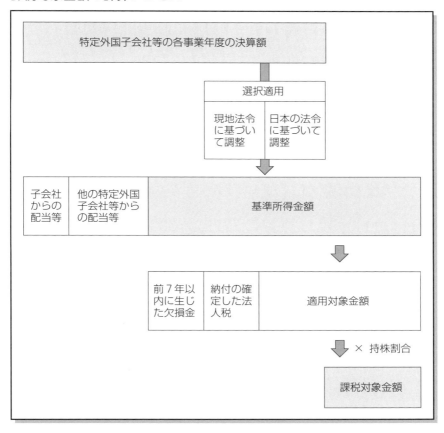

19 外国子会社配当益金不算入制度の概要
～外国子会社の資金を日本に還流させる趣旨

● **概要**

外国子会社配当金益金不算入制度とは，内国法人が一定の外国子会社から剰余金の配当等を受け取った場合に，その受け取った剰余金の配当等の金額から，その剰余金の配当等に係る費用で一定のものを控除した金額を，内国法人の各事業年度の所得の金額の計算において益金不算入とする制度です。

この制度は，国際的な二重課税を排除する方法として，従前は外国税額控除方式を採用していましたが，外国子会社に留保されている資金を日本に還流させ，経済の活性化を図るために導入されました。

● **外国子会社の範囲**

外国子会社とは，次の2つの要件を満たす外国法人をいいます。

① 内国法人がその発行済株式または出資の総数または総額の25％以上の株式数または出資額を直接保有していること（自己の保有する株式または出資を除く）

② 上記①の状態が剰余金の配当等の支払義務の確定した日以前6ヵ月以上引き続き継続していること

ただし，租税条約の二重課税排除条項において，25％未満の割合が定められている場合には，その定められた割合により外国子会社の範囲を判定することになります。

● **対象となる剰余金の配当等**

本制度の対象となる剰余金の配当等は，剰余金の配当（株式または出資に係るものに限るものとし，資本剰余金の額の減少に伴うものおよび分割型分割によるものを除く），もしくは利益の配当（分割型分割によるものを除く）または剰余金の分配（出資に係るものに限る），その他法人税法第24条第1項に規定するみなし配当となります。

制度の概要

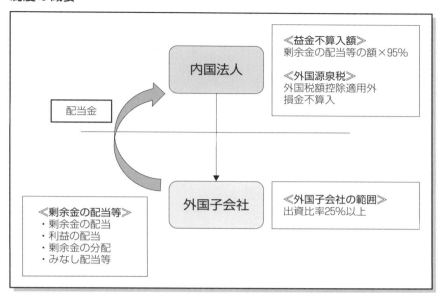

20 外国子会社配当益金不算入制度の適用要件
～益金不算入額と添付書類等

● 益金不算入額
　内国法人が外国子会社から剰余金の配当等を受け取った場合には、剰余金の配当等の額から5％に相当する金額を控除した金額について、内国法人の各事業年度の所得の金額の計算上、益金の額に算入しないこととされています。つまり、受け取った剰余金の配当等の額の5％に相当する金額のみが課税の対象となります。

● 剰余金の配当等に係る外国源泉税
　内国法人が外国法人から剰余金の配当等を受け取る際に控除された外国源泉税がある場合において、本制度の適用を受けるときには、その控除された外国源泉税は、内国法人の各事業年度の所得の計算上、損金の額に算入しないこととされています。

● 添付書類と保存書類
　この制度の適用を受けるためには、確定申告書、修正申告書または更正請求書に益金の額に算入されない剰余金の配当等の額およびその計算に関する明細を記載した書類を添付するとともに、財務省令で定める次の書類を保存しておく必要があります。
① 剰余金の配当等の額を支払う外国法人が適用対象となる外国子会社に該当することを証する書類
② 外国子会社の剰余金の配当等の額に係る事業年度の貸借対照表、損益計算書および株主資本等変動計算書、損益金の処分に関する計算書その他これらに類する書類
③ 外国子会社から受ける剰余金の配当等の額に係る外国源泉税等の額がある場合には、それらの外国源泉税等の額を課されたことを証する外国源泉税等の額に係る申告書の写しまたはこれに代わるべき外国源泉税等の額に係る書類および外国源泉税等の額がすでに納付されている場合にはその納付を証する書類

益金不算入額のイメージ

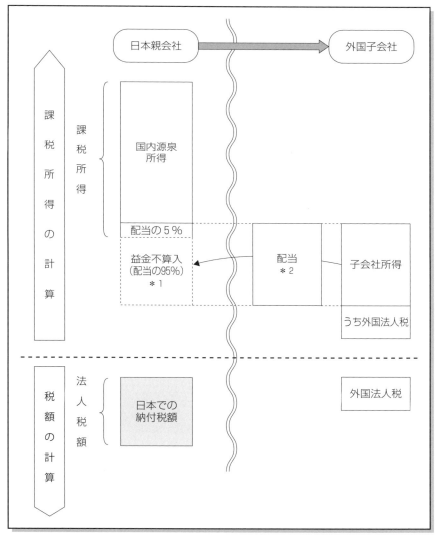

* 1　平成28年4月1日以降開始事業年度において，外国子会社から受け取る剰余金の配当等のうち，一定のものについては，益金不算入の対象となる剰余金の配当等から除外されます（75項参照）。
* 2　特殊割合が100％の場合で，配当可能利益の全額を配当した場合。

（出典：財務省HPから一部修正）

21 外国税額控除制度の概要
～外国で納めた税金を日本の税額から差し引く

● 国際的二重課税の排除

日本法人がASEANなど海外で経済活動を行って得た所得は，日本で課税されます（全世界所得課税）。一方，当該経済活動が行われた国は，その所得の源泉地国として課税しますので，国際的な二重課税が発生します。このような二重課税を排除する方法には，外国税額控除方式と国外所得免除方式があります。前者は国外で納めた税金を居住地国で納めるべき税金から控除することを認めるもので，日本では，原則として，この方法が採用されています。後者は国外（源泉地国）で得た所得については居住地国において免税とする方法です。

● 外国税額損金算入方式

上記の外国税額控除を行わず，外国税額をすべて一般の経費と同様に，損金算入することも可能です（法法41）。しかし，この方法では，右図表Bのように外国税額に日本の法人税率を乗じた額だけが税額から控除されることになりますので，国際的二重課税が残ります。この方法は，外国税額控除制度のもとでは控除額がゼロとなる赤字法人等では有利な場合があります。

● 外国税額控除制度の種類

日本の外国税額控除制度には，直接税額控除制度とみなし外国税額控除制度（タックス・スペアリング・クレジット）があります。みなし外国税額控除制度は，進出先国で税額が減免されている場合に，その額を納付したものとみなして外国税額控除を認めるものです（23項参照）。

なお，間接税額控除制度は平成21年度税制改正で廃止され，それに代わり，外国子会社配当益金不算入制度が創設されました（19項参照）。

● 外国税額控除の改正（平成26年度税制改正）

平成26年度の税制改正では，国際課税原則が見直され，外国税額控除制度にも影響を及ぼしています（37項参照）。

A：外国税額控除制度の概要

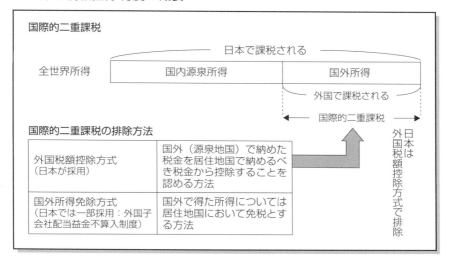

B：外国税額損金算入方式も選択可能

税額から控除できる金額 ＝ 外国法人税額（損金）× 日本の法人税率

赤字法人では有利な方法

C：日本の外国税額控除の種類

外国税額控除	直接税額控除	日本法人が外国に納付した税額を日本の法人税から控除するもの（外国法人については，37項参照）
	間接税額控除	日本法人の外国子会社が外国に納付した税額を，日本法人が納付する外国税額とみなして日本の税額から控除するもの（平成21年度税制改正で廃止され，代わりに外国子会社配当益金不算入制度が採用された）
	みなし外国税額控除（タックス・スペアリング・クレジット）	進出国の租税優遇措置により外国に納付する税額が減免されている場合，減免された税額をその国に納付したものとみなして外国税額控除を認めるもの

22 外国税額控除制度の直接税額控除
～控除対象外国法人税の算定

● 直接税額控除とは
　直接税額控除制度は，外国税額控除制度の1つで，内国法人が納付した外国法人税を，"控除限度額"を限度として日本の法人税から控除するものです（法法69①）（外国法人については37項参照）。

● 控除対象外国法人税
　直接税額控除の対象となる外国法人税（控除対象外国法人税）は，外国の法令に基づき外国またはその地方公共団体により法人の所得を課税標準として課される税をいいます（法令141②）。ただし，各国の徴税上の制度を考慮し，①超過利潤税のような特定の所得を課税標準とした税，②最初に定義した税の附加税に相当する額，③源泉税のように徴税上の便宜で収入金額を課税標準とする税，④所得に対する税を徴収する代わりに収入金額を課税標準とする他の税目の税額等も含まれます。
　具体的には，海外支店が納付する法人税や，外国法人からの利子・配当（外国子会社受取配当を除く）・ロイヤルティ（使用料等）を受け取る際に外国で徴収された源泉徴収税等が挙げられます。関税や消費税は法人税ではありませんので，外国法人税には含まれません。

● 外国法人税に含まれない税
　外国またはその地方公共団体から課される税のうち，右図表(3)のような日本の法人税とは性質を異にするものは，外国法人税に含まれません。また，加算税など附帯税に相当する税も除かれます（法令141③）。

● 控除対象外国法人税から除かれるもの
　外国法人税のうち，右図表(4)のように，①高率な部分の金額，②利子に係る源泉税の高率な部分の金額，③通常行われない取引に係る外国法人税，④法人税の規定により法人税が課されないこととなる金額を課税標準として課されるもの，⑤その他政令で定める外国法人税は，控除対象外国法人税から除かれています（法法69①，法令142の2）。

控除対象外国法人税（＝(1)+(2)−(3)−(4)）

(1) 外国の法令に基づき外国またはその地方公共団体により法人の所得を課税標準として課される税

＋

(2) (1)に類似する税
　① 超過利潤税のような特定の所得を課税標準とした税
　② (1)の税の附加税に相当する額
　③ 源泉税のように徴税上の便宜で収入金額を課税標準とする税
　④ 所得に対する税を徴収する代わりに収入金額を課税標準とする他の税目の税額

−

(3) 外国法人税に含まれない税
　① 納付後，任意にその税額の還付を請求することができるもの
　② 納付が猶予される期間を任意に定めることができるもの
　③ 複数の税率の中から納税者と外国当局等との合意により税率が決定された税（複数の税率のうち最も低い税率を上回る部分に限る）
　④ 加算税や延滞税など附帯税に相当するもの

−

(4) 控除対象外国法人税から除かれるもの
　① 高率な部分の金額（日本の実効税率を超える高率な部分）
　　・（当該外国法人税の課税標準の額×35％）を超える部分
　② 利子等に係る源泉税の高率な部分の金額（①と同様，利子等の源泉税の高率な部分。ただし，各企業の所得率を考慮）
　　例：内国法人の所得率≦10％の場合
　　・（利子等の収入金額×10％）を超える部分
　③ 通常行われない取引に係る外国法人税
　　金融取引における仕組み取引などの通常行われる取引とは認められない不自然な取引に基因して生じた所得に対して課されたもの
　④ 法人税の規定により法人税が課されないこととなる金額を課税標準として課されるもの
　　(i) みなし配当に係る源泉税
　　(ii) 移転価格課税の第二次調整として課されるみなし配当課税
　　(iii) 外国子会社配当益金不算入制度（⑲項）の対象となる配当等に係る外国源泉税等
　⑤ その他政令で定める外国法人税

23 外国税額控除制度のみなし外国税額控除
～租税条約上認められているのは7ヵ国

● みなし外国税額控除（タックス・スペアリング・クレジット）とは？

　みなし外国税額控除とは，先進国から開発途上国への経済援助という政策的配慮により，租税条約において，外国が免除または軽減した税金を支払ったものとみなして外国税額控除を適用するものです。

　開発途上国は外国企業誘致のために租税を減免する措置を採っている場合があります。一方，日本では国外所得を含めた全世界所得が課税されますので，その国で稼得された所得は日本で課税されます。ところが，税金が減免されていると，その減免された税金相当額については，外国税額控除が利用できません。よって，企業はその国に進出する税務上のメリットを失ってしまいます。そこで，開発途上国の経済発展を支え，これらの国の減免措置の効果を確保するための制度として，当該，みなし外国税額控除の制度が設けられています（法令142の2③）。

● みなし外国税額控除が認められている国

　みなし外国税額控除の規定が適用されるかどうかは，日本と進出先国との間の租税条約を確認する必要があります。日本は課税の公平性や中立性の観点から，租税条約交渉で廃止・限度の設定の方向で臨んでいます。最近では，フィリピンとの2006年の条約改定において，10年間を限度することに合意，インドネシアでは相手国の国内法の改正により事実上失効，ベトナムでは2011年1月1日から廃止されています。

　現在，日本の租税条約でみなし外国税額控除を規定している国は，右図表Bのように7ヵ国です。

● みなし外国税額控除の申告手続

　みなし外国税額控除の適用を受けようとする場合には，当該事業年度の確定申告書等に控除を受けるべきみなし外国税額の計算の明細を記載し，さらに，これを証明する書類を添付する必要があります（法法69⑩～⑫，法規29の3②・30②，実施特例省令10）。

A：みなし外国税額控除（タックス・スペアリング・クレジット）

> 進出国の租税優遇措置により外国に納付する税額が減免されている場合，減免された税額をその国に納付したものとみなして外国税額控除を認めるもの

B：日本の租税条約でみなし外国税額控除を規定している国

> ザンビア，スリランカ，タイ，中国，バングラディッシュ，フィリピン(*)，ブラジル

＊　2006年の条約改定において，10年間を限度とすることに合意

C：各国のみなし外国税額控除の状況

フィリピン	2006年の条約改定において，10年間を限度とすることに合意
アイルランド	相手国の国内法の改正により，事実上失効
スペイン	
インドネシア	
パキスタン	2008年の条約改定でみなし外国税額控除は廃止
ベトナム	2011年1月1日から廃止

24 外国税額控除額の制限
～外国税額控除限度額の計算方法は

● **外国税額控除限度額**

　日本の外国税額控除制度のもとでは，控除対象となる外国法人税は，全世界所得に対する日本の法人税額に国外所得金額の全世界所得金額に対する割合を乗じた金額が控除の限度額となっています（法令142①）。

　ただし，国外所得金額が①全世界所得金額の90％か，②全世界所得に外国での税負担割合を乗じた金額のうち，いずれか大きい金額を超えた場合には，そのいずれか大きい金額を控除の限度額とします（法令142③）。

　なお，控除限度額を計算する際，外国法人税が課されない国外所得については，国外所得金額に含めないで計算します（法令142③・附則9②）。

● **国別ではなく一括計算を行う**

　控除限度額の計算において，複数の外国の法人税がある場合には，国別ではなく，一括して限度額を計算します。

● **共通費用の配分**

　全世界所得金額と国外所得金額を把握する際，販売費や一般管理費その他の費用のうち，国外の業務に直接関連するものは，国外所得算定にあたっての費用とされます。一方，国内と国外の業務の両方に共通に発生する費用については，原則として，収入金額，資産の価額，使用人の数など，個々の費目ごとに適切な配分基準で按分します（法令142⑥）。ただし，あらかじめ日本の税務当局の確認を受けて，簡便法としての一括配分方法を使用することも認められています（法基通16－3－12）。

● **地方税の控除限度額の計算**

　地方税である道府県民税と市町村民税については，法人税の控除限度額を超える外国法人税につき控除限度額を計算します。控除限度額は，道府県民税の場合は法人税の控除限度額の3.2％，市町村民税については9.7％です。これらの率は標準税率ですので，それを上回る率で課税されている地方公共団体では，実際の課税率を乗ずることができます。

A：外国税額控除額の限度額の計算

外国法人税は，原則として，下記の外国税額控除限度額を限度として，日本の法人税から控除できる。

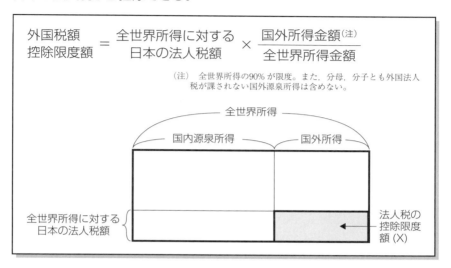

B：当期の外国税額控除額の計算

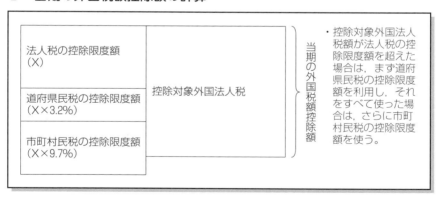

25 外国税額控除の控除余裕額と控除限度額
～過去3年分の繰越額が利用可能

● **控除余裕額または控除限度超過額の算定**

外国税額控除の計算を行うと，控除限度額の余りである「控除余裕額」または，控除対象外国法人税の超過額である「控除限度超過額」のいずれかが生じます。

● **外国税額控除の控除余裕額の算定**

外国税額控除の控除余裕額は，国税，地方税の順に算定します。国税の控除余裕額は，国税の控除限度額が控除対象外国法人税額より大きい場合に，その差額で求めます（法令144⑤）。この場合は，地方税の控除余裕額は，地方税の控除限度額全額となります。

控除対象外国法人税額が国税の控除限度額より大きく，その超過部分は地方税の控除限度額に満たないときは，その差額が地方税の控除余裕額となります（法令144⑥）。

● **外国税額控除の控除限度超過額の算定**

控除限度超過額は，各事業年度の控除対象外国法人税の額からまず，その事業年度の国税の控除限度額を差し引き，引き切れない場合は，さらに地方税の控除限度額を差し引いたものです（法令144⑦）。

● **繰り越された控除余裕額の利用（右図表B）**

過去3年以内の事業年度から繰り越された控除余裕額があるとき，当期の控除対象外国法人税額が当期の法人税の控除限度額と地方税控除限度額の合計額を超える場合に，最も古い事業年度のものから，国税，地方税の順にその繰越余裕額を当期の法人税から控除できます（法法69③）。

● **繰り越された控除限度超過額の利用（右図表C）**

過去3年の事業年度に控除限度超過額がある場合には，古い事業年度のものから，国税，地方税の順に，当期の控除余裕額に充当できます（法令145①）。控除限度超過額は3年間繰り越せます。

A:控除限度超過額と控除余裕額

控除余裕額	控除限度額＞控除対象外国法人税額のとき， 控除余裕額＝控除限度額－控除対象外国法人税額
控除限度超過額	控除限度額＜控除対象外国法人税額のとき， 控除限度超過額＝控除対象外国法人税額－控除限度額

B:繰越された控除余裕額の利用（例）

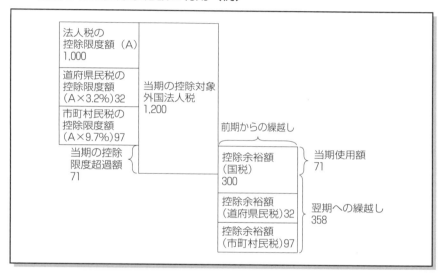

C:繰越された控除限度超過額の利用（例）

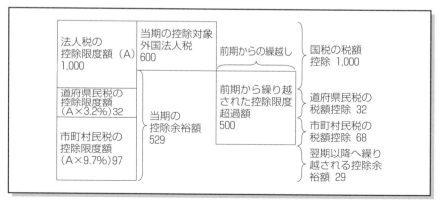

26 外貨換算の概要
～外貨建ての取引や資産等を何を使って換算するか

● 外貨建取引および外貨建資産等の換算の必要性

　法人税法上，外貨建取引とは，外国通貨で支払が行われる資産の販売・購入，役務の提供，金銭の貸付け・借入れ，剰余金の配当その他の取引をいいます（法法61の8の①）。したがって，債権債務の金額が外国通貨で表示されている場合であっても，その支払が円により行われることとされている場合は，外貨建取引には該当しません（法基通13の2－1－1）。

　外貨建資産等には，外貨建債権債務（会計上の外貨建金銭債権債務），外貨建有価証券，外貨預金，外国通貨が含まれます。これら外貨建取引および外貨建資産等，外国通貨で表示されている金額は，会計・税務上，一定のルールに従って円表示の金額に換算する必要があります。

● 外貨建取引の円換算方法

　外貨建取引は原則として取引日における電信売買相場の仲値（TTM）による円換算額で記録します。仲値は主要取引銀行のレート等を適用します（法法61の8①）。ただし，継続適用を条件として，収益・資産は取引日の電信買相場（TTB）を，費用・負債は取引日の電信売相場（TTS）を使用できます。また，外貨建取引の内容に応じて，直近の月末・週末の為替相場，直近の月平均・週平均等，それぞれに合理的と認められる為替相場も使用できます（法基通13の2－1－2②）。

● 決算期末日における外貨建資産等の円換算方法

　決算期末日になっても決済されていない外貨建債権債務，その他期末に有する外貨建資産等については，外貨建有価証券を除き1年基準により短期・長期に分類して，短期のものは期末時換算法（期末時の為替レートで換算する方法）で，長期のものは発生時換算法（発生時または取得時の為替レートで換算する方法）で換算します（法定換算方法）（法法61の9①，法令122の4）。

外貨建資産等の会計上・税務上の換算方法

外貨建資産等の区分		会計上の換算方法	法人税法上の換算方法(注)
外貨建債権債務	短期外貨建債権債務	決算時の為替相場により換算	発生時換算法または期末時換算法(*)
	長期外貨建債権債務		発生時換算法(*)または期末時換算法
外貨建有価証券	売買目的有価証券	期末時価を決算時の為替相場により換算	期末時換算法
	売買目的外有価証券 償還期限および償還金額の定めのあるもの（満期保有目的）	取得原価または償却原価を決算時の為替相場により換算	発生時換算法(*)または期末時換算法
	売買目的外有価証券 償還期限および償還金額の定めのあるもの（満期保有目的外）	期末時価を決算時の為替相場により換算	発生時換算法(*)または期末時換算法
	売買目的外有価証券 償還期限および償還金額のないもの（株式）	期末時価を決算時の為替相場により換算	発生時換算法
	子会社株式および関連会社株式	取得原価を取得時の為替相場により換算	
外貨預金	短期外貨預金	決算時の為替相場により換算	発生時換算法または期末時換算法(*)
	長期外貨預金		発生時換算法(*)または期末時換算法
外国通貨		決算時の為替相場により換算	期末時換算法

(注) 1　法人税務申告において換算方法の選定に関する届出がない場合には(*)の方法により換算
　　 2　「発生時換算法」：外貨建資産等の取得等の基因となった外貨建取引の金額の円換算に用いた外国為替の売買相場により換算した金額をもって期末の円換算額とする方法
　　 3　「期末時換算法」：その期末時における外国為替の売買相場により換算した金額をもって期末の円換算額とする方法

27 外貨換算方法の選定と届出
〜為替相場の著しい変動がある場合の15%ルールとは

● 決算期末時の換算方法の選定・届出

　外貨建資産等について，前項で示したような法定換算方法以外の方法を採る場合は，当該外貨建資産等を取得した事業年度の確定申告書の提出期限までに税務当局への書面による届出が必要です（法令122の4・122の5）。

　この届出は，外貨建資産等の外国通貨の種類が異なるごとに，かつ，外貨建資産等の区分（右図表A）ごとに行う必要があります。当該選定の届出がない場合には，法定換算方法を選択したものとみなされます。

● 為替差損益の益金・損金算入，会計と異なる場合の申告調整

　期末時換算法により換算した金額と簿価の差額は，洗替方式で益金または損金の額に算入します（法法61の9②〜④，法令122の8）。なお，会計上は，子会社株式および関連会社株式を除き期末時の為替相場により換算します。よって，税法上，発生時換算法を採用する場合は会計上と差異が生じますので，法人税の申告書上，申告調整が必要です。

● 為替相場の著しい変動がある場合の15%ルール

　外貨建資産等について発生時換算法を選択している際，為替相場が著しく変動した場合には期末時換算法を適用することができます（法令122の3）。為替相場が著しく変動した場合とは，決算期末日において有する個々の外貨建資産等につき，右図表Bの判定算式により計算した割合がおおむね15％に相当する割合以上となるものがあるときです（法基通13の2−2−10）。

　この15％ルールを適用する場合には，通貨ごとに適用・非適用を判断する必要があります。したがって，同一通貨の債権債務が複数ある場合に一部のものだけにこのルールを適用することはできません。

　なお，先物為替予約で円貨を確定させている取引など，為替リスクをヘッジしている場合は，15％ルールの適用対象外です（法令122の3）。

A：期末換算方法等の選定にあたっての外貨建資産等の区分

外貨建資産等の区分	内容	（参考）法定換算方法
短期外貨建債権債務	外貨建債権債務のうち支払または受取の期日がその事業年度終了の日の翌日から1年を経過した日の前日までに到来するもの	期末時換算法
長期外貨建債権債務	外貨建債権債務のうち短期外貨建債権債務以外のもの	発生時換算法
満期保有目的有価証券	償還期限の定めのある売買目的外有価証券のうち、その償還期限まで保有する目的で取得し、かつ、その取得の日においてその償還期限まで保有する目的で取得したものとして、その取得の日に「満期保有目的債券」等の勘定科目により区分した有価証券	発生時換算法
償還有価証券	売買目的外有価証券のうち償還期限および償還金額の定めのある有価証券（満期保有目的有価証券に該当するもの以外のもの）	発生時換算法
短期外貨預金	外貨預金のうち満期日がその事業年度終了の日の翌日から1年を経過した日の前日までに到来するもの	期末時換算法
長期外貨預金	外貨預金のうち短期外貨預金以外のもの	発生時換算法

B：為替相場の著しい変動の判定算式（15％ルール）

$$\frac{期末日レート換算額 - 期末日帳簿価額（期末換算前）}{期末日レート換算額} \times 100 \geq 15（\％）$$

（通貨ごとに判定する）

28 海外渡航費
～業務上必要と認められる旅費の範囲

● **概要**

　法人が海外渡航に際して役員や使用人に旅費（仕度金を含む）を支給する場合に，その海外渡航が法人の業務の遂行上必要なものであるときには，渡航のための通常費用は旅費としての法人の負担が認められます。したがって，法人の業務と関係のない海外渡航の旅費はもちろん，法人の業務上必要な海外渡航であってもその旅費の額が通常必要と認められる金額を超える金額については，原則として，役員または使用人に対する給与とされます。

● **業務上必要な海外渡航**

　海外渡航が業務上必要かどうかは，その旅行の目的，旅行先，旅行経路，旅行期間等を勘案して実質的に判定するものとされています。

　また，その海外渡航の旅行期間に業務上必要と認められない旅行を併せて行ったときは，必要と認められる旅行の期間と認められない旅行の期間との比等により按分し，業務上必要と認められない旅行に係る部分の金額については，役員または使用人に対する給与とします。ただし，海外渡航の直接の動機が特定の取引先との商談，契約の締結など法人の業務の遂行のためであり，その海外渡航を機会に観光を併せて行うものである場合には，その往復の旅費（当該取引先の所在地等その業務を遂行する場所までのものに限る）は，法人の業務の遂行上必要と認められるものとされます。

● **同伴者の旅費**

　法人の役員が法人の業務上必要な海外渡航に際し，その親族またはその業務に常時従事していない者を同伴した場合に，その同伴者に係る旅費を法人が負担したときは，その旅費はその役員に対する給与とされます。ただし，その同伴が明らかにその海外渡航の目的達成のために必要なときは，その旅行に通常必要な費用の額は，旅費として認められます。

海外渡航費

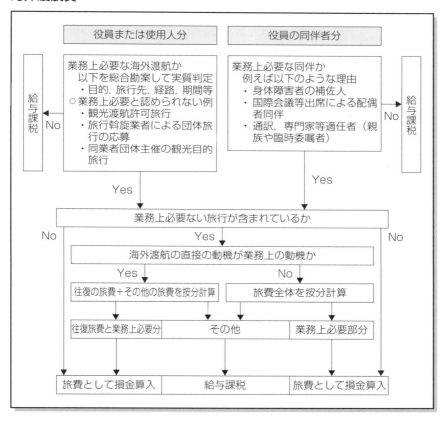

29 国際源泉課税の概要
～源泉徴収が必要な非居住者および外国法人への支払とは

● 非居住者および外国法人に対する源泉徴収

　非居住者および外国法人（以下「非居住者等」）に対して国内において源泉徴収の対象となる国内源泉所得（国内において行う事業または国内にある資産から生じる所得を除く）の支払が生じた場合，その支払をする者は，その支払の際，所得税を源泉徴収し，納付する義務があります（所法212①）。

　源泉徴収税率は，原則20.42％（所得税および復興特別所得税）ですが，国内源泉所得の種類に応じて規定されています（右図表）（所法213）。

　非居住者等の課税所得の範囲は，支店等の事業上の拠点である「恒久的施設（PE）」の有無やその種類により異なります。また，日本と相手国との租税条約の有無等で課税上の取扱いが異なるので注意が必要です。

● 非居住者や外国法人の納税方法

　非居住者等の納税方法は，日本国内に「恒久的施設（PE）」を持つ場合には，居住者や内国法人と同様，申告納税方式が原則です（一定の所得は源泉徴収のうえ，申告）。「恒久的施設（PE）」がない場合には，源泉分離課税方式により源泉徴収のみで課税関係が完結します。

● 特例（常に源泉徴収の対象となる所得／源泉徴収免除制度）

　特例として，土地等の譲渡対価，不動産の賃貸料等（法人が賃借人の場合のみ），工業所有権，著作権等の使用料等，給与等の人的役務の提供に対する報酬等などは，恒久的施設の有無にかかわらず源泉徴収が必要です（所法161一の三・三・七・八）。

　なお，国内に恒久的施設を有する非居住者等については，一定の所得（貸付金の利子，不動産の賃貸料等）に関して源泉徴収免除の規定があり，税務署長発行の源泉徴収の免除の証明書を所得の支払者に提示すれば源泉徴収されないこととされています（旧所法180・214，平成26改正法附則16・19）。

外国法人に対する課税関係の概要（　　部分が法人税の課税範囲）

所得の種類 (法法138) \ 外国法人の区分 (法法141)	国内に恒久的施設を有する法人 支店その他事業を行う一定の場所を有する法人 (法法141一)	国内に恒久的施設を有する法人 1年を超える建設作業等を行いまたは一定の要件を備える代理人等を有する法人 (法法141二・三)	国内に恒久的施設を有しない法人 (法法141四)	源泉徴収 (所法212①, 213①)
事業の所得（法法138一）			【非課税】	無(注1)
資産の運用または保有による所得　（〃 一）				無(注2)
資産の譲渡による所得　（〃 一）			不動産の譲渡による所得および法令187①一〜五に掲げる所得	無(注3)
その他の国内源泉所得　（〃 一）				無
人的役務の提供事業の対価　（〃 二）				20.42%
不動産の賃貸料等　（〃 三）				20.42%
利子等　（〃 四）		国内事業に帰せられるもの	【源泉分離課税】	15.315%
配当等　（〃 五）				20.42%
貸付金利子　（〃 六）				20.42%
使用料等　（〃 七）				20.42%
事業の広告宣伝のための賞金　（〃 八）				20.42%
生命保険契約に基づく年金等　（〃 九）				20.42%
定期積金の給付補塡金等　（〃 十）				15.315%
匿名組合契約等に基づく利益の分配　（〃 十一）				20.42%

(注)1　事業の所得のうち、組合契約事業から生ずる利益の配分については、20.42％の税率で源泉徴収が行われます。
　　2　措置法第41条の12の規定により、割引債（特定短期公社債等一定のものを除きます）の償還差益については、18.378％（一部のものは16.336％）の税率で源泉徴収が行われます。
　　3　資産の譲渡による所得のうち、国内にある土地もしくは土地の上に存する権利または建物およびその附属設備もしくは構築物の譲渡による対価（所令281の3に規定するものを除きます）については、10.21％の税率で源泉徴収が行われます。
（非居住者の場合もほぼ同じ）　　　　　　（出典：国税庁　平成27年版「源泉徴収のあらまし」）

30 国際源泉課税と租税条約との関係
～租税条約による課税の特例とは

● **租税条約による源泉徴収税の免除または軽減**

租税条約とは,「国際的な二重課税の回避や,脱税の防止,投資交流の促進のために,二国間の共通の課税ルールを定めた国家間の合意」をいいます。日本と非居住者等の居住地国との間で租税条約が締結されている場合には,その租税条約に従って,非居住者等が受け取る国内源泉所得に対する課税が軽減または免除される場合があります（実施特例省令1の2ほか）。日本では,租税条約は国内の税法で源泉税率や課税範囲が異なる場合,租税条約が優先適用されますので注意が必要です。

● **租税条約に基づく投資所得の軽減税率・免税**

租税条約では投資促進の観点から,とりわけ利子・配当・使用料などの投資所得について右図表のような軽減税率（限度税率）または免除の措置を規定しています（ASEAN国のみ抜粋）。

● **免除または軽減を受けるための届出**

非居住者等が上記の課税の軽減または免除を受けるためには,「租税条約に関する届出書」を,支払日の前日までに源泉徴収義務者を経由して税務署に提出する必要があります。この際,「特例条項に関する付表」および居住者等の居住地国の税務当局発行の居住者証明書の添付が必要です。

ただし,一定の条件のもとに当該居住者証明書の原本の添付を省略することができます（実施特例省令9の10）。

● **租税条約での限度税率よりも国内税法による税率のほうが低い場合**

日本とタイの租税条約では,利子所得における源泉地国の限度税率は25％（金融機関が受け取る利子は10％）となっていますが,日本の国内税法上,非居住者等に支払う利子に対する源泉税率は15.315％（復興税を含む）と低率です。このように,国内税法が租税条約より有利な場合,後者はあくまでもここまでなら課税してもよいという制限税率ですので,租税条約の税率を適用する必要はありません。

日本とASEAN諸国との租税条約に基づく投資所得の限度税率（軽減税率）(注4)

国・地域名	限度税率(注1)			備　考
	利子	配当(注2)	使用料	
（国内税法・原則） （復興税率を含む）	15.315%	20.42%	20.42%	上場株式等の配当等は 15.315%
インドネシア共和国	* 10%	15% (10%)	10%	＊　割引債の償還差益を含む。
シンガポール共和国(注3)	＊1 10%	15% (5%)	＊2 10%	＊1　割引債の償還差益を含み、特定の利子は免税。 ＊2　一定の著作権、工業所有権等の譲渡益を含む。
タイ	＊1 25%	＊2 国内法どおり (20%)	＊3 15%	＊1　金融機関が受け取る利子は10％、割引債の償還差益を含む。 ＊2　親子会社間で産業的事業を営む法人からの配当は15％ ＊3　著作権、工業所有権等の譲渡益を含む。
フィリピン	＊1 10%	15% (10%)	＊2 10%	＊1　割引債の償還差益を含む。 ＊2　映画フィルム等の使用料は15％
ブルネイ・ダルサラーム	* 10%	10% (5%)	10%	＊　割引債の償還差益を含む。
ベトナム	＊1 10%	10% (－)	＊2 10%	＊1　割引債の償還差益を含む。 ＊2　著作権、工業所有権等の譲渡益を含む。
マレーシア	＊1 10%	15% (5%)	＊2 10%	＊1　割引債の償還差益を含む。 ＊2　著作権、工業所有権等の譲渡益を含む。
（参考） 国内税法上の源泉徴収税率（復興税率を含む）	15.315%	20.42%	20.42%	

（注）1　限度税率は、日本側の税率を示します。
　　　2　「配当」欄の（　）は、親子会社間配当に対する特別税率を示します。
　　　3　シンガポールについては、所得のうちシンガポールに送金されまたはシンガポール内で受領された部分に対してのみシンガポールの租税が課される場合、当該送金または受領された部分についてのみ租税協定の適用があります。
　　　4　この表は租税条約の概要を掲げたものですから、具体的な適用関係については、それぞれの租税条約の該当条項を確認してください。

（出典：国税庁　平成27年版「源泉徴収のあらまし」）

31 消費税の概要
～日本の消費税の基本的な仕組み

● 消費税とは

　消費税は，消費一般に広く公平に課税する間接税です。課税対象は，国内取引では国内において事業者が行う資産の譲渡等，輸入取引では輸入貨物であり（消法2①八・4），取引の各段階において8％（うち1.7％は地方消費税）の税率で課税されます（消法29，地法72の83）。消費税は国内における消費に負担を求める税ですので，輸出取引における売上には課税されません（輸出免税）。

　消費税の負担者は最終的に商品を消費しまたはサービスの提供を受ける消費者です。申告・納税義務者は，国内取引は課税資産の譲渡等を行う事業者，輸入取引は課税貨物を保税地域から引き取る者（輸入者）です（消法5①②）。両取引とも外国法人を含みます。なお，輸入取引の場合は，事業者に限らず，消費者である個人が外国貨物を輸入する場合も納税義務者となり（消基通5－6－2），消費税の申告・納付の必要があります。

　前述のとおり，消費税は消費一般に負担を求めることから，課税対象になじまないものや社会政策的な配慮から課税することが適当でない取引は，消費税を課さない「非課税取引」とされています（消法6①・別表1）。

● 消費税の課税標準（税額計算の基礎）と納付額の計算

　消費税の税額計算の基礎である課税標準は，国内取引では課税資産の譲渡等の対価の額（消法28①③），輸入取引では輸入時の引取価格で，これに消費税率を乗じて課税売上に係る消費税額を計算し，そこから課税仕入等に係る消費税額を控除して納付税額を求めます（消法30）。

● 中小企業に対する特例措置

　課税売上高が一定額以下の事業者に対しては「事業者免税点制度」や「簡易課税制度」が設けられています（消法9・37）。この特例を受けずに選択により課税事業者となったほうが有利な場合もあります。

A：消費税の納付税額の計算方法（原則）

　国税の消費税6.3%を計算し，その消費税に17／63を掛けて地方消費税を計算する。

国税の消費税（6.3%）の計算

> 国税の消費税額＝課税売上に係る消費税額－課税仕入等に係る消費税額＊
> 　　　　　　　　　　　　　　　　　　　　　（仕入控除税額）
> 　　　　　　＝課税売上高（税抜）×6.3%－課税仕入高（税込）×6.3／108

＊　簡易課税制度を適用する事業者は，課税標準額に対する消費税額に，みなし仕入率を掛けて課税仕入等に係る消費税額（仕入控除税額）を計算する。

地方消費税（1.7%）の計算

> 地方消費税額＝消費税額（6.3%）×17／63

納付税額の計算

> 納付税額＝消費税額＋地方消費税額

B：消費税率

平成26年3月31日まで	5％（国税4％，地方消費税1％）
平成26年4月1日から	8％（国税6.3%，地方消費税1.7%）

（注）　平成27年10月から消費税率を10%に引き上げることが，税制抜本改革法に定められているが，同法附則第18条第3項により，改めて経済状況等を総合的に勘案した検討が行われる予定。

C：非課税取引

非課税となる国内取引

> ①　税の性格から課税対象とすることになじまないもの
> 　土地の譲渡・貸付け，有価証券・支払手段の譲渡，利子・保証料・保険料等，郵便切手・印紙の譲渡，商品券・プリペイドカードの譲渡，住民票・戸籍抄本等の行政手数料，外国為替
> ②　社会政策的な配慮に基づくもの
> 　社会保険医療等，介護保険サービス，第1種社会福祉事業，第2種社会福祉事業等，助産，埋葬料・火葬料，一定の身体障がい者用物品の譲渡・貸付け，一定の学校の授業料等，教科用図書の譲渡，住宅の貸付け

非課税となる輸入取引（保税地域から引き取られる外国貨物）（例）

> 　有価証券，支払手段，郵便切手，郵便葉書等，印紙，証紙，商品券等，プリペイドカード，身体障がい者用物品，教科用図書

D：中小企業に対する特例措置

> **事業者免税点制度**　基準期間における課税売上高および特定期間における課税売上高等が1,000万円以下の事業者については，納税義務を免除するという制度
> **簡易課税制度**　課税売上高から納付する消費税額を計算する制度

32 消費税における国内取引と国外取引の区分
～国外取引であれば消費税は不課税

● 国内・国外判定の重要性

　消費税は国内取引が課税対象で，国外取引は課税対象外（「不課税取引」）です。よって，事業者が国内と国外にわたって取引を行う場合には，その取引内容に応じて，国内・国外を判定（内外判定）する必要があります（消法4①）。その際，消費税法は，特定の場所を定め，その場所が国内にあるか否かを判定基準としています（消法4③，消令6）。

● 資産の譲渡または貸付けの内外判定

　資産（有形・無形資産）の譲渡または貸付けは，その譲渡または貸付け時に，その資産が所在していた場所で内外判定を行います（消法4③一，消基通5-7-10）。ただし，譲渡または貸付けの対象資産が船舶，航空機，特許権等の場合は，その船舶等の登録をした機関の所在地等が国内であれば国内取引になります（消令6①）。また，三国間貿易（事業者が国外において購入した資産を国内に搬入することなく他の者に譲渡する取引）は，その経理処理のいかんを問わず国外取引に該当し（消基通5-7-1），不課税です。

● 役務の提供の内外判定

　役務の提供は，その役務の提供が行われた場所で内外判定を行います（消法4③二）。ただし，国際運輸，国際通信，国際郵便，その他国内と国外の双方にわたり行われる役務の提供などの場合には，発送地や到着地等の場所が国内であれば国内取引になります。また，情報提供は，原則として，その提供者の情報提供に係る事務所等の所在地が国内か国外かで判定を行います（消令6②）。

● 金融取引の内外判定

　金融取引は，その貸付けまたは行為を行う者の貸付けまたは行為に係る事務所等の所在地で内外判定を行います（消令6③）。当該金融取引には，金銭の貸付け，国債等の取得，預金等の預入，金銭債権の譲受け等が含まれています（消令6③・10①③一～八）。

A：国内取引・国外取引の判定基準（原則）

特定の場所（判定場所）が国内にあるか否かを判定基準とする。
判定場所が国内なら消費税は課税，国外なら不課税。

取引内容	判定場所
資産の譲渡・貸付け	譲渡または貸付けが行われている時においてその資産が所在していた場所
役務の提供	役務の提供が行われた場所
金融取引	貸付けまたは行為を行う者の貸付けまたは行為に係る事業所等の所在地

B：国内取引・国外取引判定場所の例外規定

取引内容	区分	判定場所
資産の譲渡・貸付け	登録航空機	登録をした機関の所在地
	特許権，実用新案権，意匠権，商標権等	権利の登録をした機関の所在地
	著作権（出版権および著作隣接権等），ノウハウ	譲渡または貸付けを行う者の住所地
	営業権，漁業権，入漁権	権利に係る事業を行う者の住所地
	有価証券（ゴルフ場利用株式等を除く）	有価証券が所在していた場所
役務の提供	国際運輸	旅客または貨物の出発地，発送地または到着地
	国際通信	発信地または受信地
	国際郵便	差出地または配達地
	専門的な科学技術に関する知識を必要とする調査，企画，立案，助言，監督，検査に係る役務の提供で生産設備等の建設または製造に関するもの	生産設備等の建設または製造に必要な資材の大部分が調達される場所
	役務の提供が行われた場所が明らかでないもの	役務の提供を行う者の役務の提供に係る事務所等の所在地

C：電気通信利用役務の提供

電子書籍・音楽・広告の配信等の電気通信回線を介して行われる役務の提供（電気通信利用役務の提供）については，平成27年10月1日以後に国内において事業者が行う消費税に係る取引より，内外判定基準の判定場所が「役務の提供を行う者の事務所等の所在地」から「役務の提供を受ける者の住所地等」に変更されます（34項参照）。

33 消費税の輸出免税と輸入に係る消費税
～輸出免税の適用の受け方／輸入取引は個人にも納税義務

● 輸出免税とその範囲
　消費税は，国内における消費に負担を求める税であり，輸出取引における売上には課税されません（消法7①）。これを輸出免税といいます。課税事業者が右図表A(1)の①～④のような輸出取引等を行った場合には，消費税が免除されます。

● 輸出免税の適用を受けるための証明
　輸出免税の適用を受けるためには，当該取引が輸出取引等である証明が必要です（消法7②）。輸出取引の内容に応じ，右図表A(2)のように，輸出許可書（税関長が証明した書類），または帳簿や書類を納税地等に7年間保存しなければなりません。

● 輸入に係る消費税
　保税地域から引き取られる外国貨物（輸入品）には，原則として消費税が課せられます（消法5②）。保税地域とは，輸出入手続を行い，また，外国貨物を蔵置し，または，加工，製造，展示等をすることができる特定の場所をいいます（消法2①）。外国貨物とは，外国から国内に到着した貨物で，輸入が許可される前のものおよび輸出許可を受けた貨物をいいます（消法5②）。
　輸入取引に係る消費税は，消費者が事業者であるか否かにかかわらず保税地域から外国貨物を引き取る者に納税義務が課せられます。よって，事業者でない個人も，課税売上高1,000万円以下で免税の適用を受ける事業者も，消費税の納税・申告が必要です。

● 輸入取引の課税標準（税額計算の基礎となる金額）
　保税地域から引き取られる課税貨物に係る消費税の課税標準（税額計算の基礎となる金額）は，関税課税価格（CIF）に消費税以外の個別消費税額（酒税，たばこ税等）と関税額を加えたものです（消法28③）。

A：輸出免税

(1) 免税される輸出取引

> ① 国内からの輸出として行われる資産の譲渡または貸付け
> ② 国内と国外の地域にわたって行われる旅客，貨物の輸送，通信，郵便または信書便
> ③ 非居住者に対する無形固定資産等（鉱業権，特許権，著作権，営業権等）の譲渡または貸付け
> ④ 非居住者に対する役務の提供（下記の3つを除く）
>   (a) 国内に所在する資産に係る運送または保管
>   (b) 国内における飲食または宿泊
>   (c) ①または②に準ずるもので国内において直接便益を享受するもの

(2) 免税の適用を受けるための証明

輸出取引の内容	必要書類等
上記①のうち輸出の許可を受ける貨物	税関長が証明した書類（輸出許可証）
上記①のうち郵便物として輸出する場合（資産価額20万円超）	税関長が証明した書類（輸出許可証）
上記①のうち郵便物として輸出する場合（資産価額20万円以下）	帳簿または書類
上記②の取引	帳簿または書類
上記のうち①，②以外	契約書その他書類

B：輸入に係る消費税

輸入取引の課税標準

$$\text{課税対象となる外国貨物の引取価額} = \text{関税課税価格（CIF）} + \text{個別消費税額}^* + \text{関税額}$$

＊ 個別消費税は，酒税，たばこ税，揮発油税または石油石炭税等の間接税をいう。

34 消費税における外国法人の納税義務
～国外事業者の電子書籍・音楽・広告の配信等に係る消費税

● 外国法人の納税義務

　国内に支店や事務所等がない外国法人であっても，国内において課税資産の譲渡等を行う限りは，消費税の納税義務者になります（消法5①）。ただし，国内法人と同様，その課税期間の前々事業年度と前事業年度開始の日以後6ヵ月の期間の課税売上高がそれぞれ1,000万円以下の場合には，納税義務が免除されます（消法9）。

● 外国法人に係る申告手続等の方法

　国内に事務所等を有しない外国法人が消費税などの申告を行う場合には，納税管理人の選任，納税地の選択・届出が必要です。

● 国外事業者の電子書籍・音楽等の配信（「電気通信利用役務の提供」）

　これまで，国外事業者の電子書籍・音楽・広告の配信等の電気通信回線（インターネット等）を介して行われる役務の提供（以下「電気通信利用役務の提供」）には，消費税が課されていませんでした。なぜなら，原則として，役務の提供についての国内・国外の判定（国内なら課税）は，その提供場所が明らかでないものは役務提供者の住所で行われるためです。したがって，役務提供者が国外事業者の場合は，国外取引と判定され不課税でした。

　ところが，平成27年度の税制改正では，国内外の事業者間における競争条件を揃える観点から，「電気通信利用役務の提供」については，国内・国外判定の場所が役務の提供を受ける者の住所地等に変更され，国外事業者が提供者であっても消費税が課されます（平成27年10月1日以後の取引より）。

●「電気通信利用役務の提供」に係る課税方式

　電気通信利用役務の提供は，事業者向け取引と消費者向け取引とに区分されます。課税方式として，前者にリバースチャージ方式が，後者に国外事業者申告納税方式が採用されています。

国外事業者が行う電気通信利用役務の提供に係る課税方式

＜事業者向け電気通信利用役務の提供に係る課税方式（リバースチャージ方式）＞
　「事業者向け電気通信利用役務の提供」に係る消費税の納税義務を役務の提供を受ける事業者に課す方式

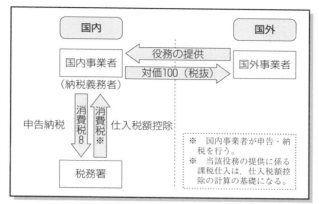

※リバースチャージ方式の導入に伴う留意事項
　国内において「事業者向け電気通信利用役務の提供」を行う国外事業者は，あらかじめ，当該役務の提供を受ける国内事業者が消費税の納税義務者になる旨を表示する必要がある。

＜消費者向け電気通信利用役務の提供に係る課税方式（国外事業者申告納税方式）＞
　「消費者向け電気通信利用役務の提供」に係る消費税を国外事業者が納税義務者として申告納税を行う方式

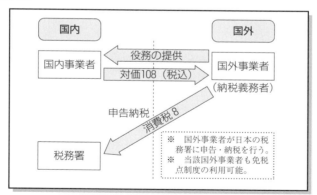

※国外事業者申告納税方式の導入に伴う留意事項
　適正課税を確保するための経過的な措置⇒当分の間，国外事業者から提供を受けた「消費者向け電気通信利用役務の提供」については，仕入税額控除制度の適用が認められない。ただし，申請により登録を行った「登録国外事業者」の「消費者向け電気通信利用役務の提供」については，例外規定あり。

35 三角合併等
～国際的な企業結合の手法

● **国際的な企業結合の必要性**

　半導体や自動車など多額の設備投資を要する産業をはじめとして，サービスや小売など多くの業界で，いわゆるメガコンペティション（世界レベルでの企業間の競争）が起きています。このような状況の中では，時にはライバル企業との協調や，国際的な企業結合が必要となることもあります。この企業結合の手段の1つが三角合併等です。

● **三角合併とは**

　国際的な企業結合の手法には，具体的に三角合併，三角吸収分割，三角株式交換・移転があります。

- 合併：2社以上の会社が，法人格を1つにすること
- 吸収分割：会社の事業の全部または一部を，他の会社に吸収させて承継させること
- 株式交換：株式交換契約によって，一方の会社が他の会社の100％親会社となること（新たに完全親会社を設立して，1つまたは複数の会社が完全子会社となる場合は株式移転という）

　日本の会社法では合併，吸収分割または株式交換・移転を行う場合に，消滅会社・分割会社・完全子会社の株主に対して，それぞれの対価として存続会社・承継会社・完全親会社株式のほかに，金銭その他の財産を交付することを認めています（対価の柔軟化）。例えば「日本の会社」が，「外国の会社」の完全子会社となることを選択した場合は，三角合併の手法を利用して，合併会社（「外国の会社」の日本子会社）が自社株式の代わりに「外国の親会社株式」を被合併会社（日本の会社）の株主に対価として交付することによって，「日本の会社」が「外国の会社」の100％子会社になることが可能となります。

　ただし，この手法は日本の会社法によって規定されているので，外国で企業結合を行う場合は，その国の法律に準拠する必要があります。

A：三角合併の例

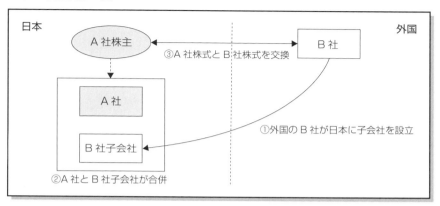

B：三角吸収分割の例

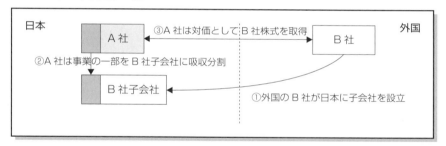

C：三角株式交換の例

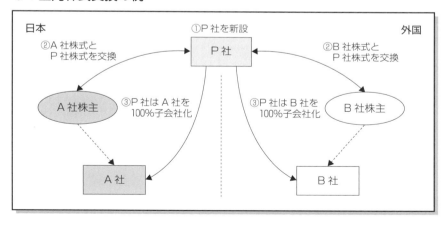

36 税制適格の企業再編
～一定の要件を満たした場合，課税が繰り延べられる

● 三角合併等の税務上の扱い

メガコンペティションの状況の中で，企業には成長や生き残りをかけて国際的な企業結合を行う必要があることがあります。

企業の組織再編にはいくつかの手法がありますが，特に合併，会社分割，株式交換・移転等についての課税関係には，組織再編税制として明文規定が設けられています。これらの組織再編を行う場合，何らかの形で資産・負債の移転がなされますが，税務上は原則としてそれが時価で行われたものとされて，課税関係が発生します。しかしこれでは税制が経済活動である組織再編（国際的な組織再編に限りません）を阻害する可能性があります。そこで一定の条件（税制適格要件）が認められたときは，資産・負債の移転は譲渡側の簿価で行われたものとして，譲渡側・譲受側・それらの株主に対して法人税・所得税等を繰り延べることになっています。これがいわゆる「適格組織再編」です。

● 適格合併等の概要

- 適格組織再編として認められるためには，以下の２つの形態があり，それぞれ定められている税制適格要件を満たす必要があります。
  ① 同一企業グループ（直接または間接的に持分割合50％超の法人間）内の組織再編
  ② 共同事業を行うための組織再編
- 「組織再編に関連した行為により税負担を不当に減少させる結果となると認められるものがあるときは，会社の行為や所得計算を否認することができる」という包括的租税回避防止規定があり，脱税目的での組織再編は行うことはできません。
- 適格組織再編と認められても，繰越欠損金の引継ぎ等については別の規定があり，引継ぎ等ができない可能性があります。
- 国際的な租税回避を防止するため，軽課税国にある法人が関係する組

合併に関する税制適格要件

　国際的な組織再編の手法としては，合併，吸収分割，株式交換・移転がありますが，ここでは合併に関する税制適格要件について記載します。

	グループ内		共同事業
	100%	50%超100%未満	50%未満
内容	当事者間の完全支配関係（親子会社）または同一の者による完全支配関係（兄弟会社）	当事者間の支配関係（親子会社）または同一の者による支配関係（兄弟会社）	被合併法人が合併前に営む主要な事業と，合併法人が合併前に営む主要な事業が，相互に関連していること（事業関連要件）
合併の対価	原則として合併法人の株式または合併法人を100%子法人とする親法人の株式に限られ，金銭等の交付がないこと	同左	同左
株式の継続保有	100%の株式の保有関係が継続する見込みであること（親子会社の合併の場合は例外あり）	50%超の株式の保有関係が継続する見込みであること（親子会社の合併の場合は例外あり）	被合併法人の株主が50人未満の場合，「株式を継続して保有する株主」の合併前の持株割合が，80%以上であること
従業者（役員・使用人等）の引継要件	－	合併直前の従業者数のおおむね80%以上が合併後に引き継がれる見込みであること	合併直前の従業者数のおおむね80%以上が合併後に引き継がれる見込みであること
事業継続要件		被合併法人が合併前に営む主要な事業が，合併後にも継続することが見込まれること	被合併法人が合併前に営む主要な事業が，合併後にも継続することが見込まれること
規模要件または経営参画要件のいずれかが満たされていること	－	－	規模要件…被合併事業と合併事業のそれぞれの売上金額，従業者数，資本金額等の「規模の割合の1つ」が，おおむね5倍を超えないこと 経営参画要件…「被合併法人の特定役員（常務クラス以上）のいずれか」と「合併法人の特定役員のいずれか」が，合併後も合併法人の特定役員となる見込みがあること

織再編については，適格組織再編と認められない場合があります。

37 国際課税原則の見直し
～総合主義から帰属主義への変更

● 国際課税原則の変更

平成26年度の税制改正では，外国法人に対する課税原則（国際課税原則）が「総合主義」から「帰属主義」へ変更されることになりました。

「総合主義」のもとでは，国内に支店等の恒久的施設を有する外国法人は，すべての国内源泉所得について申告課税されます（全所得主義）。これは，国内の恒久的施設に帰属する国内源泉所得だけではなく，本店に帰属する国内源泉所得も確定申告が必要ということです。

一方，「帰属主義」が採用されると，国内の恒久的施設に帰属する所得，すなわち，国内源泉所得・国外源泉所得を問わず，国内にある恒久的施設が得るすべての所得が確定申告の対象となります。

● 国際課税原則変更のもたらす外国税額控除制度への影響

国際課税原則の変更は，日本の外国税額控除制度（21項参照）にも大きな影響をもたらします。

1つは，これまで同制度は内国法人のための制度であったのが，外国法人にも外国税額控除の利用が認められたことです（法法144の2）。

もう1つは，内国法人の外国税額控除限度額の算定の基礎となる国外源泉所得の定義の変更による影響です。すなわち，「総合主義」のもとでは国外の恒久的施設（例：海外支店）が国内において稼得する所得は国内源泉所得とされ外国税額控除限度額の算定の基礎とされなかったのが，「帰属主義」のもとでは国外源泉所得とされ外国税額控除限度額の算定の基礎に含まれることになります。これにより，これまで外国税額控除が利用できなかったケースに利用が広がりました。

なお，上記は，個人（居住者）については内国法人の扱いに準じます。

● 適用時期

当該国際課税原則の見直しに伴う法人税の改正は，平成28年4月1日以後に開始する事業年度分の法人税に適用されます。

A：国際課税原則の見直し（総合主義から帰属主義への変更）

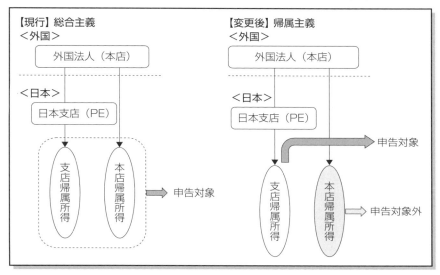

（出典：金融庁）

B：内国法人の外国税額控除限度額算定方法への影響

国外源泉所得の定義の変更（現法法69①，平成26改正法法69①④）

現行法	改正後
その源泉が国外にあるもの	国外恒久的施設帰属所得，国外資産の運用保有所得，国外資産の譲渡所得，外国法人発行の債券利子・株式配当等

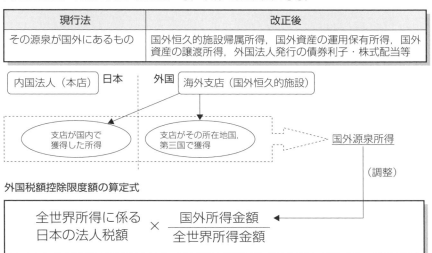

＜適用時期＞　平成28年4月1日以後に開始する事業年度分の法人税に適用。

BEPS行動計画13と移転価格文書化および海外子会社管理

　タックスヘイブン，軽課税国などの税制の隙間や抜け穴を利用した租税回避行為を防止するため，OECDとG20は共同で，BEPSプロジェクト（Base Erosion and Profit Shifting：税源浸食と利益移転）を推進しています（178頁参照）。

　同プロジェクトでは15の行動計画が策定されていますが，このうち行動計画13「移転価格関連の文書化の再検討」については，2014年9月に「移転価格文書化と国別報告に係るガイダンス（OECD移転価格ガイドライン第5章改訂版）」が公表されました。その後，実施に係る指針が出され，2015年10月には，同ガイダンスの最終版が公表されました。

　同ガイダンスはローカルファイル（個別企業の具体的取引に係る資料）という現在作成が求められているものと同様な資料の作成を現地子会社に要求するほか，国別報告書（グループの国別の財務情報等）やマスターファイル（グループ全体の基本情報や事業活動，移転価格ポリシー等）の作成を多国籍企業の究極の親会社に求めています。これら新たな資料の提出義務については，日本の経済界から過剰な事務負担を懸念する声が挙がっています。

　一方，現在，ASEAN諸国や中国の現地子会社では，税務当局による，不当な課税措置や税務執行手続が問題となっています。同ガイダンスのもとでは，これまで以上に企業の情報を各国の税務当局に提出することになるため，当該情報が安易に利用されて不当な課税や手続が助長されることが懸念されています。

　日本では，平成28年税制改正に，同ガイダンスに基づく移転価格文書化の規定が盛り込まれると見込まれています。今後は，同規定への対応を含めた税務コンプライアンスを遵守することが一層重要となってきます。事務負担の増大に対応するための親会社の税務組織の整備とともに，財務・税務情報を効率的に収集するための海外子会社管理体制の見直しが不可欠です。

第3章

日本の国際税務
―― 個人（海外勤務者）編

38 居住者・非居住者の区分
～海外勤務者の日本における居住形態の決定

日本の所得税法では、個人を「居住者」と「非居住者」に区分し、それぞれにつき課税所得の範囲や課税方法を定めています。「居住者」または「非居住者」区分の判定は、その個人の課税関係を決定するうえでとても重要です。

● 海外勤務者の居住者と非居住者の判定

「居住者」とは、国内に住所を有し、または現在まで引き続いて1年以上居所を有する個人であり、また、「非居住者」とは、居住者以外の個人をいいます（所法2①三・五）。この場合の住所とは、各人の生活の本拠をいい、総合的にみてその者の生活がそこを中心として営まれているといえる場所であり、居所とは、その者の生活の本拠ではないが、その者が多少の期間継続して居住する場所をいいます。

海外勤務者については、「その者が国外において継続して1年以上居住することを通常必要とする職業を有するときは、国内に住所を有しない者と推定する（所令15）」とされています。さらに、「国外において事業を営み若しくは職業に従事するため国外に居住することとなった者は、その地における在留期間が契約等によりあらかじめ1年未満であることが明らかであると認められる場合を除き、国内に住所を有しないこととする（所基通3-3）」とされ、より形式的かつ客観的な基準により国内における住所の有無を判断することができるよう定められています。

● 海外勤務者の居住形態の具体的な判定方法

海外勤務者については、実務上、契約等により予定される海外勤務の期間に基づき居住者と非居住者の判定を行うのが一般的です。海外勤務の予定期間が次に掲げる場合には、その海外勤務者は、出国の日の翌日から「非居住者」と推定されることになります。

① 契約等によりあらかじめ1年以上と定められている場合
② 契約等によりあらかじめ1年未満と定められていない場合

A:個人の納税義務者の区分と課税所得

区　分		定　義	課税所得
居住者	永住者	国内に住所を有しまたは現在まで引き続いて1年以上居所を有する個人のうち非永住者以外の者	すべての所得
	非永住者	日本の国籍を有しておらず，かつ，過去10年以内において国内に住所または居所を有していた期間の合計が5年以下である者	国内源泉所得および国外源泉所得のうち国内で支払われまたは国外から送金されたもの
非居住者		居住者以外の者	国内源泉所得

B:海外勤務者に関する特殊な場合の居住者と非居住者の判定

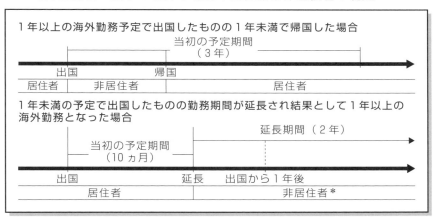

* 延長が決定した日の翌日から非居住者となる。

C:海外勤務者に関する居住者と非居住者の判定まとめ

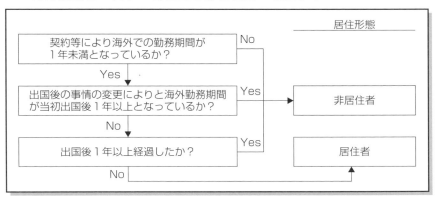

39 租税条約における双方居住者の振分けルール
～双方居住者の場合は租税条約の規定に注意

　海外勤務者の場合，国によって税法やその解釈が異なるため，日本の所得税法に基づき居住者に区分されたにもかかわらず，その勤務地である外国においても，その国の税法に基づき居住者に区分されることがあります。このように各国の税法に基づいた結果，双方の国で居住者と区分される状態を「双方居住者」といいます。

● 双方居住者の振分けルール

　「双方居住者」となる場合，そのままでは日本と外国の両国で同じ所得について二重課税が行われることになりかねません。こうした二重課税の問題を解決するために，日本が外国と締結した多くの租税条約では，「双方居住者」の振分けルールが定められています。例えば，①から④の順で日本と外国のどちらか一方の居住者とすることとされ，いずれの基準でも定まらない場合は，両国の権限ある当局の合意により解決することになっています。

　①恒久的住居⇨②利害関係の中心的場所⇨③常用の住居⇨④国籍

　なお，租税条約によっては，最初から両国の権限ある当局の合意により解決すると定められているものもあります。

　租税条約の双方居住者の振分けルールに基づき外国の「居住者」とみなされた場合には，日本では「非居住者」として扱われることになります（実施特例法6）。

● その他特殊な場合

　日本と外国の税法に基づいて判定した結果，双方で「非居住者」となることもありえます。このような場合，租税条約では具体的な調整規定は存在しないため，両国で「非居住者」として扱われることになります。

　また，「双方居住者」と判定された場合において，租税条約が締結されていないときは，両国において調整ができないため「双方居住者」のままとなってしまうことも考えられます。

A：租税条約上の双方居住者の振分け規定

日本がインドネシア，タイ，フィリピンおよびベトナムと締結している租税条約における双方居住者の振分け規定は，次のとおりです。

相手国＼項目	双方居住者の扱い
インドネシア	両締約国の権限がある当局は，合意により，その者が居住者であるとみなされる締約国を決定する。
タイ	同上
フィリピン	同上
ベトナム	次の順序により，その者が居住者であるとみなされる締約国を決定する。 ① 個人は，その使用する恒久的住居が所在する締約国の居住者とみなす ② 個人は，その人的および経済的関係がより密接な締約国（重要な利害関係の中心がある国）の居住者とみなす ③ 個人は，その有する常用の住居が所在する締約国の居住者とみなす ④ 個人は，自己が国民である締約国の居住者とみなす ⑤ 上記①～④でも決定できない場合は，両締約国の権限のある当局は，合意により解決する

B：いずれの国でも非居住者として扱われる場合

> 海外勤務者のなかには，その職務の都合上，日本法人の指示により1年未満の短期間で転々と複数の外国を移動し，日本には業務報告などのためにだけ立ち寄る程度の人もいます。そのような人は，どの外国の税法に基づいても「非居住者」と判定される可能性があります。ここで注意すべきは，たとえ外国の非居住者に該当することとなったとしても，それをもって日本の居住者であるとはいえないということです。
>
> 滞在地国が複数にわたっている場合において，それが職務上当初より予定されたものであり，その期間を通じて各滞在地国に安定的な居所や住所があると認められるときは，その海外滞在期間中は，日本の非居住者として扱われる可能性があります。

40 居住者の給与課税
~国内払給与と国外払給与の総額について課税

　1年未満の予定で海外勤務をする者は、日本の所得税法上、引き続き居住者として扱われます。居住者は、非永住者に該当しない限り、国内および国外で稼得した所得のすべてについて課税されるため、その給与所得については、国内払給与だけでなく国外払給与もすべて課税対象となります。

● 給与所得についての課税方式

　居住者の国内払給与は源泉徴収の対象であり、多くの給与所得者は、その支払者が行う年末調整により1年間の所得税額が確定し納税も完了することから、給与所得以外に申告すべき所得がない限り、所得税の確定申告をする必要はありません。しかし、居住者が、外国法人や外国の支店などから国外払給与の支払を受けたときは、その国外払給与は源泉徴収や年末調整の対象とはならず、国内払給与と国外払給与を合算して所得税の確定申告をする必要があります。

● 二重課税排除のための外国税額控除の適用

　居住者が出張等により外国で勤務した場合には、その勤務をした外国でも給与所得について課税が行われることがあります。このような場合には、二重課税となるため、原則として、日本の所得税の確定申告の際に外国税額控除を適用することができます。なお、日本と租税条約を締結している外国との間で給与所得の二重課税が発生した場合は、租税条約の規定に従って外国税額控除を適用することになります。

　また、内国法人の役員が外国にある子会社等の役員でもあり、その子会社等から役員報酬（賞与を含む）が支給されている場合において、その役員報酬について外国の所得税が課せられたときは、外国税額控除を適用するにあたり注意が必要です。とりわけ租税条約が締結されていない場合には、計算上、外国税額控除が適用できないケースもあります。

居住者の給与所得に関する国内外の課税所得のイメージ

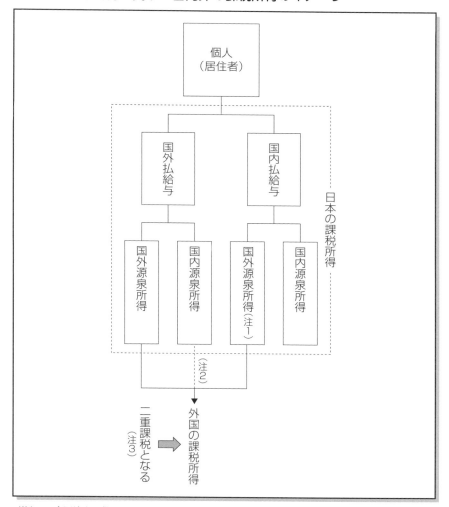

(注) 1 内国法人の役員については，国内払給与はすべて国内源泉所得とみなされる。
  2 外国法人の役員報酬の場合は，その支払総額について外国所得税が課される場合がある。
  3 租税条約の短期滞在者免税の規定の適用により外国所得税につき免税となる場合がある。

41 居住者に支給する海外勤務に係る特殊手当
～支度金，旅費，在勤手当の取扱い

居住者の海外勤務に際して通常の給与に加えて支給する手当については，次のように取り扱います。

● 海外出張の支度金および外国滞在旅費の非課税

法人がその役員または使用人の海外出張等に際して支給する支度金や旅費については，その海外出張等がその法人の業務の遂行上必要なものであり，通常必要と認められる金額である場合は，その法人の損金となると同時に所得税の非課税とされています。ただし，法人の業務の遂行上必要と認められない旅費や法人の業務の遂行上必要と認められる旅費であっても通常必要と認められる金額を超える部分の金額は，原則として給与課税されることになります（法基通9－7－6）。「海外出張等が法人の業務の遂行上必要なものであるかどうか」は，その出張等の目的，出張先，行路，滞在期間等を総合勘案して実質的に判定することになります（法基通9－7－7）。実務上は，海外出張規定などにより支給する旅費の金額の合理性や法人の業務との関連性を主張できるようにすることが必要です。

● 在勤手当

国外で勤務する居住者の受ける給与のうち，その勤務により国内で勤務した場合に受けるべき通常の給与に加算して受ける在勤手当（これに類する特別の手当を含む）は，所得税の非課税とされています（所法9①七）。非課税とされる在勤手当の額は，国外で勤務する者がその勤務により国内で勤務した場合に受けるべき通常の給与に加算して支給を受ける給与のうち，その勤務地における物価，生活水準，生活環境，ならびに勤務地と国内との間の為替相場等の状況に照らし，加算して支給を受けることにより国内で勤務した場合に比して利益を受けると認められない部分の金額です（所令22）。したがって，当該金額を超える部分の金額は，給与として課税されます。

海外勤務に際して居住者に支給する特殊手当の課税関係

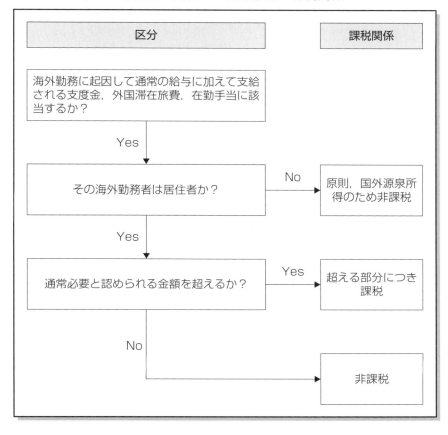

42 非居住者の給与課税
〜非居住者は国内源泉所得についてのみ課税

　非居住者の課税所得は国内源泉所得です。給与については，勤務地により所得源泉地を判定するため，その給与総額のうち国内勤務に基因するものが国内源泉所得とされます。この際，その支払場所は，その判定の基準とはならないので注意が必要です。なお，非居住者が国の内外にわたり勤務する場合には，実務上，右図表Ａの算式により国内源泉所得を計算することになります。

● 国内払給与の課税方式

　国内払給与は源泉分離課税方式により課税されます。国内において非居住者に対して給与の支払をする者は，その支払の際，国内源泉所得に該当する金額について源泉徴収をし，その徴収の日の属する月の翌月10日までに国に納付しなければなりません（所法212①）。

　ただし，出国後最初に支払われる給与は，その全額が国内源泉所得に該当しない限り，例外として，源泉徴収しなくてもよいこととされています。一方，出国後最初に支払われる賞与は，その計算期間が通常1ヵ月を超えるので，原則どおり国内源泉所得につき源泉徴収が必要です。

● 国外払給与の課税方式

　国外払給与は，原則として，申告納税方式により課税されます。非居住者は，その支払総額のうち国内源泉所得に該当する金額がある場合には，租税条約に特別な定めがない限り，翌年3月15日までに所得税法第172条に基づく準確定申告書の提出をしなければなりません。

　なお，国外払給与であっても，その国外における給与の支払者が国内に事務所・事業所等を有するときは，その支払者が国内源泉所得を国内において支払ったものとみなされ，国内にある事務所等に源泉徴収義務が生じるので注意が必要です（所法212②）。この場合，源泉徴収により課税関係は完結しますが，通常とは異なり，その源泉徴収の日の属する月の翌月末日が納期限となります。

A：勤務等が国内および国外の双方にわたって行われた場合の国内源泉所得の計算

非居住者が国内および国外の双方にわたって行った勤務に基因して給与の支払を受ける場合におけるその給与の総額のうち，国内において行った勤務に係る部分の金額は，その給与または報酬の総額に対する金額が著しく少額であると認められる場合を除き，次の算式により計算するものとする（所基通161－28）。

$$\text{給与，賞与の総額} \times \frac{\text{国内において行った勤務の期間}}{\text{その総額の計算の基礎となった期間}} = \text{国内源泉所得}$$

（注）国内において勤務したことにより特に給与の額が加算されている場合等には，上記算式は適用しないものとする。

B：非居住者の給与所得に関する日本における課税方式

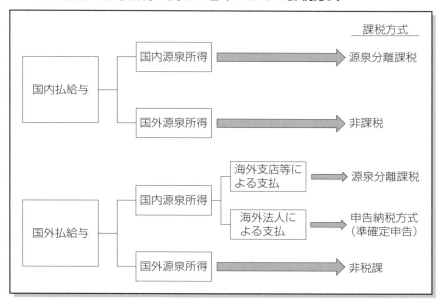

43 内国法人の役員に対する特例
～内国法人の役員報酬のみなし国内源泉所得

　内国法人の役員報酬は，使用人給与と異なり，その勤務地に関係なく，すべて国内源泉所得とみなされます。

● **役員報酬を国内源泉所得とみなす場合**

　内国法人の役員としての勤務で国外において行うものは，国内において行う勤務とみなされ，その役員報酬はすべて国内源泉所得として課税されます（所法161八イ，所令285①）。

　日本が締結する多くの租税条約でも，「一方の締約国の居住者が他方の締約国の居住者である法人の役員の資格で取得する役員報酬その他これに類する支払金に対しては，当該他方の締約国において租税を課することができる。」とされ，役員報酬については，その勤務地に関係なく，その支払者である法人の所在地国での課税を認めています。したがって，内国法人が非居住者である役員に支給する役員報酬は，日本においてその全額につき課税されることになります。

　一方，その役員報酬は，役員の居住地国である外国でも課税されることから，外国において外国税額控除などの方法により二重課税の調整が可能か確認する必要があります。

● **使用人給与と同様の所得源泉地の判定を行う場合**

　内国法人の役員が海外支店の長として常時その支店に勤務する場合は，使用人給与と同様に，国外勤務に起因する給与は非課税扱いとなります（所基通161－29）。内国法人の役員が海外子会社に常時勤務する場合にも，次の要件のいずれも満たすときは，国外勤務に起因する給与は非課税となります（所基通161－30）。

　① 海外子会社の設置は現地の特殊事情に基づくものであり，その実態が内国法人の支店等と異ならないものであること
　② 海外子会社における勤務が内国法人の命令に基づくものであり，その内国法人の使用人としての勤務であると認められること

非居住者である使用人および役員の給与所得についての国外勤務に係る所得源泉の考え方

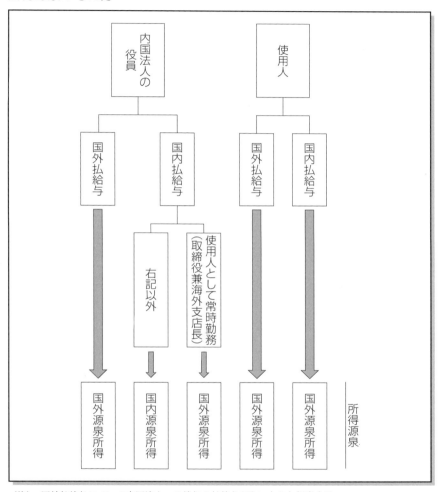

（注）　国外払給与について内国法人への給与の付替えがないものと仮定する。

44 短期滞在者免税規定
～給与所得は租税条約により免税の可能性がある

　外国と締結された多くの租税条約には，非居住者である短期滞在者の給与所得についてその滞在地国で免税とする，いわゆる「短期滞在者免税」規定が設けられています。

●「短期滞在者免税」規定の役割

　非居住者が国内勤務に基づいて支払を受ける給与所得は，日本の所得税法上，原則としてその国内源泉所得につき課税されます（所法161八・164②・169・212等）。一方，その非居住者の給与所得は，通常，その者の居住地国においても課税されます。

　外国の居住者である海外勤務者が，日本への一時的な出張等のたびに日本で課税されると，その納税手続が非常に煩わしくなり，居住地国である外国と日本との間で国際的な二重課税の問題も生じます。そこで，租税条約では，一定の要件を満たすことを条件に，日本での一時的な勤務に起因する給与所得について日本での課税を免除しています。

●「短期滞在者免税」規定の内容

　非居住者が「短期滞在者免税」規定の適用を受けるための要件は租税条約により若干異なっています。租税条約のひな型とされるOECDモデル租税条約の「短期滞在者免税」規定では，次の要件のいずれも満たす場合に限り，勤務地国での課税を免除することができることとされています（同条約15②）。

　① 当該課税年度において開始または終了するいずれの12ヵ月の期間においても，報酬の受領者が当該他方の締約国内に滞在する期間が合計183日を超えないこと
　② 報酬が当該他方の締約国の居住者でない雇用者またはこれに代わる者から支払われるものであること
　③ 報酬が雇用者の当該他方の締約国内に有する恒久的施設によって負担されるものでないこと

A:非居住者に係る「短期滞在者免税」規定の適用関係（イメージ）

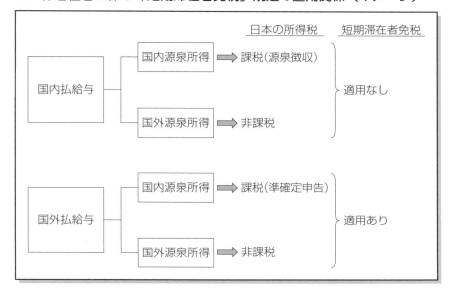

B:アセアン諸国と締結した租税条約における短期滞在者免税規定の要件

インドネシア，ベトナム，フィリピンとの租税条約の規定

①	給与所得者が暦年を通じて合計183日を超えない期間当該他方の国に滞在すること
②	給与が当該他方の国の居住者でない雇用者またはこれに代わる者から支払われるものであること
③	給与が雇用者の当該他方の国に有する恒久的施設または固定的施設によって負担されるものでないこと

タイとの租税条約の規定

①	給与所得者が暦年を通じて合計180日を超えない期間当該他方の国に滞在すること
②	給与が当該一方の国の居住者またはこれに代わる者から支払われるものであること
③	給与が当該他方の国において租税を課される企業によって負担されるものでないこと

　現在のOECDモデル租税条約における183日の計算は，「その課税年度において開始または終了するいずれの12ヵ月の期間においても役務提供地における滞在日数が183日以内かどうか」で判定することになっています。しかし，以前のOECDモデル租税条約は「課税年度を通じて183日を超えないこと」が要件とされており，上記4ヵ国との租税条約における短期滞在者免税の規定は，いまだに以前のOECDモデル租税条約に準拠したものとなっています。なお，タイとの租税条約における基準日数は180日です。

45 「短期滞在者免税」規定の3要件
～3要件のすべてを満たせば免税となる

非居住者が一時的な出張等により来日する場合において、その者の居住地国との間で租税条約が締結されているときは、「短期滞在者免税」規定の3要件のすべてを満たすのか確認をする必要があります。

●「短期滞在者免税」規定の適用要件

① 滞在日数基準（いわゆる183日ルール）

非居住者の日本滞在日数の計算は、物理的な滞在日数の合計によるため、入国日および出国日のいずれも滞在期間に加えます。

なお、滞在日数の計算の方法は、OECDモデル租税条約に準拠する方法と暦年をベースとした暦年基準の2通りあります。

② 支払者基準

給与の支払者は、日本の居住者以外の者である必要があるため、内国法人が支払う場合には、「短期滞在者免税」規定の適用はありません。

③ 負担者基準

給与については日本にある恒久的施設等により負担されるものでないことが必要です。例えば、国外払給与について、その支払者である外国法人から内国法人に費用の付替えがされる場合には、この基準を満たせず「短期滞在者免税」規定は適用されません。

● 免税されない場合の日本での課税

「短期滞在者免税」規定により免税とされない場合は、国内払給与・国外払給与の区分に応じ、国内源泉所得につき次の方法で課税されます。

- 国内払給与……源泉分離課税方式
- 国外払給与……所得税法第172条に基づく準確定申告書による申告納税方式

（注） 日本法人の海外支店等において非居住者に対して給与の支払をする場合には、日本法人が国内で支払うものとみなされ、国内源泉所得につき源泉徴収が必要です。

滞在日数基準による判定例

＜OECDモデル租税条約に準拠した租税条約の場合＞

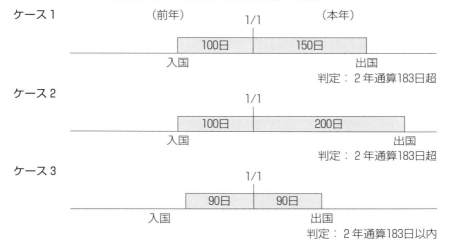

＜暦年基準を採用している租税条約の場合＞

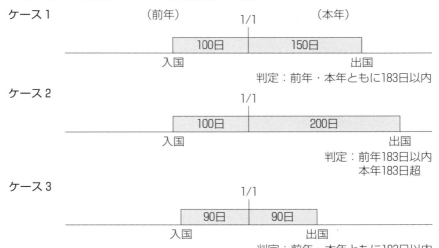

　上記のとおり，租税条約における滞在日数基準の規定振りにより判定結果が異なる場合があります。租税条約の「短期滞在者免税」規定の適用の際は，どちらの方法で判定をするのか確認が必要です。

46 個人の外国税額控除
～居住者に認められる二重課税排除の制度

　日本の所得税法上，特に居住者に認められた二重課税排除の制度として「配当控除」と「外国税額控除」があり，居住者が外国所得税を納付した場合には，確定申告により後者を適用することができます。

● 外国税額控除制度

　日本の居住者は，国内および国外で稼得されたすべての所得につき所得税が課税されます。また，居住者に支払われる給与総額のうち出張等の国外勤務に起因する金額については，外国の税法により所得税が課税され，日本と外国との間で二重課税が生じる可能性があります。こうした国際間の二重課税を調整するために外国税額控除の制度が設けられています。

● 外国税額控除の計算

　居住者が各年において外国所得税を納付することとなる場合は，次の算式により計算した控除限度額を限度として，その控除対象外国所得税の額をその年分の所得税額から控除します（所法95①，所令222）。

$$\text{所得税の控除限度額} = \text{その年分の所得税額} \times \frac{\text{その年分の国外所得金額}}{\text{その年分の所得総額}}$$

● 復興特別所得税との関係

　居住者が外国税額控除の適用を受ける場合において，その年の控除対象外国所得税の額が所得税の控除限度額を超えるときは，次の算式により計算した金額を限度として，その超える部分の金額をその年分の復興特別所得税から控除します（復興財確法14①，復興所令3）。

$$\text{復興特別所得税の控除限度額} = \text{その年分の復興特別所得税額} \times \frac{\text{その年分の国外所得金額}}{\text{その年分の所得総額}}$$

A：居住者にかかる国際間の二重課税のイメージ

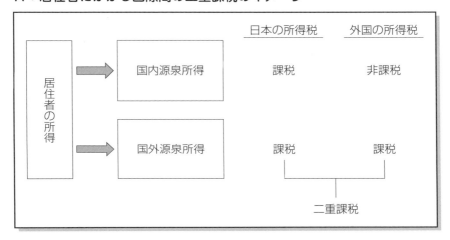

B：所得税の外国税額控除のイメージ（復興特別所得税との関係）

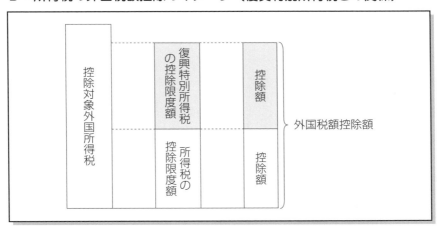

C：外国税額控除の際に確定申告書に添付する書類

外国税額控除を受けるためには，確定申告書に次の書類を添付する必要があります。
　① 外国税額控除に関する明細書
　② 外国所得税が課されたことを証する申告書等のコピー　など

47 控除対象外国所得税額
～外国所得税の範囲に注意

　外国税額控除の対象となる外国所得税は，外国の法令に基づき居住者である個人の所得を課税標準として課されるものおよびそれらに準ずるものとされていますが，すべてについて認められるわけではありません。次のようなものについては外国税額控除の控除対象となる外国所得税に含まれないこととされています（所令221①②③・212の2）。

● **控除対象外国所得税に含まれないもの**
　① 税を納付する者が，その税の納付後，任意にその金額の全部または一部の還付を請求することができる税
　② 税の納付が猶予される期間を，その税の納付をすることとなる者が任意に定めることができる税
　③ 複数の税率の中から納税者と外国当局等との合意により税率が決定された税（複数の税率のうち最も低い税率を上回る部分に限る）
　④ 加算税や延滞税などの附帯税に相当するもの
　⑤ 金融取引における仕組み取引などの通常行われる取引とは認められない不自然な取引に基因して生じた所得に対して課されたもの
　⑥ 出資の払戻し等，資本等取引に対して課されるもの
　⑦ その年以前の非居住者期間に生じた所得に対するもの
　⑧ 租税条約により外国税額控除の適用がないとされたもの

● **控除対象外国所得税額が減額された場合**
　控除対象外国所得税額が，外国税額控除の適用を受けた翌年以降に外国の税務当局により減額される場合があります。本来なら当初の確定申告に遡って外国税額控除の修正が必要と考えられますが，非常に手間がかかるため，簡便的に，減額されることとなった年分の確定申告において右図表のとおり一定の調整を行うこととされています。

外国所得税が減額された場合の調整

外国税額控除の適用を受けた年の翌年以後7年内の各年において、その適用を受けた外国所得税の額が減額された場合には、その減額されることとなった日の属する年分における外国税額控除の適用および所得金額の計算は、次のようになります。

①　減額に係る年における納付外国所得税額から、その減額外国所得税額に相当する金額を控除し、その控除後の金額につき外国税額控除を適用する。
②　減額に係る年に納付外国所得税額がない場合または納付外国所得税額が減額外国所得税額に満たない場合には、減額に係る年の前年以前3年内の各年の控除限度超過額から控除する。
③　減額外国所得税額のうち上記①および②の調整に充てられない部分の金額がある場合には、その金額を減額に係る年分の雑所得の金額の計算上、総収入金額に算入する。

（適用順序）

```
              減額外国所得税額
              ／        ＼
①および②の調整に充てた金額    ③の調整に充てられない金額
         ↓                        ↓
    総収入金額不算入         雑所得の金額の計算上、
                              総収入金額算入
```

48 外国税額控除の繰越控除
～控除限度額および控除余裕額の3年間の繰越し

　日本の外国税額控除制度は，居住者が控除対象外国所得税を納付することとなる年において外国税額控除を行うものとされています。しかし，外国所得税が課される国外所得が発生した年とその外国所得税を納付する時期は一致するとは限らないため，控除限度額と外国所得税額の差額につき翌年以降3年間の繰越しを認め，所得の発生時期と納付時期の違いの調整を図り，できる限り二重課税を排除できるようにしています。

● 控除余裕額の繰越

　居住者が各年において納付することとなる外国所得税額がその年の所得税の控除限度額および復興特別所得税を超える場合において，その年の前年以前3年内からの繰越控除限度額があるときは，その繰越控除限度額を限度として，その超える部分の金額をその年分の所得税の額から差し引くことができます（所法95②，復興財確法33①）。

● 控除限度超過額の繰越

　居住者が各年において納付することとなる外国所得税額がその年の所得税の控除限度額に満たない場合において，その年の前年以前3年内の各年において納付することとなった外国所得税の額で各年において控除しきれなかった繰越外国所得税額があるときは，その控除限度額からその年において納付することとなる外国所得税額を控除した残額を限度として，その繰越外国所得税額をその年分の所得税の額から差し引くことができます（所法95③）。

● 控除不足額の還付

　外国所得税は，控除限度額を限度として所得税額および復興特別所得税額から差し引かれます。ただし，上記の「控除余裕額の繰越」が適用される場合において，外国税額控除できる金額がその年分の所得税額および復興特別所得税額を超えてしまい控除しきれない金額があるときは，その控除しきれない金額は還付されることになります。

A：控除余裕額の繰越

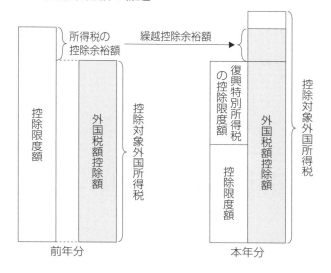

B：控除限度超過額の繰越

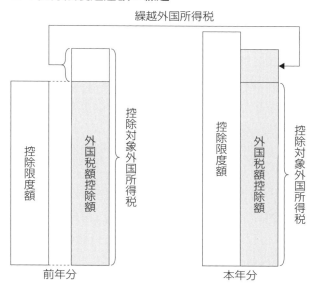

49 国外転出時課税制度(出国税)の概要
～有価証券等の未実現の含み益も課税の対象に

　平成27年度税制改正により，所得税法において「国外転出時課税制度」が平成27年7月1日から導入されました。これは，一定の要件を満たす対象者が，①国外転出する時，②国外に居住する非居住者へ対象資産の一部または全部を贈与する時，③対象者が亡くなり，相続または遺贈(以下「相続」という)により国外に居住する相続人または受遺者が対象資産の一部または全部を取得する時に，対象資産の含み益が実現したものとみなして所得税課税が行われる制度です。なお，未実現の含み益について課税されることから納税資金の手当てができない場合も想定されるため，5年間(届出により，さらに5年間延長可能)の納税猶予制度が設けられています。また，国外転出の日から5年を経過する日までに対象者が対象資産を処分等しないで帰国した場合や国外転出の日から5年を経過する日までに対象者が対象資産を居住者に贈与した場合，納税猶予期間中に国外転出時よりも価額が下落している対象資産を譲渡した場合その他一定の場合には，更正の請求をすることにより課税の取消しや減額をすることができます。

● **対象者(所法60の2⑤・60の3⑤)**

　次のいずれにも該当する居住者が対象となります。
① 国外転出時(贈与または相続の場合には，贈与時または相続開始時)に所有等している対象資産の価額の合計額が1億円以上であること
② 国外転出の日(贈与または相続の場合には，贈与の日または相続開始の日)前10年以内において，国内在住期間が5年を超えていること

　なお，長期海外出張や海外赴任などビジネス目的で出国し非居住者になる場合でも，対象者になる場合があるので注意が必要です。

A：国外転出時課税制度の導入の背景

「居住地国移転」によるキャピタルゲイン課税の回避例

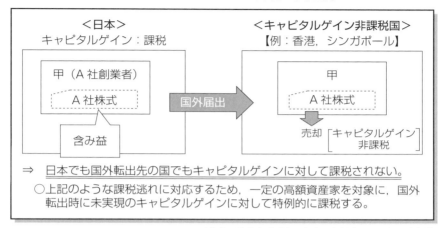

(出典：財務省「平成27年度　税制改正に関する資料」)

B：国外転出時課税のタイミング

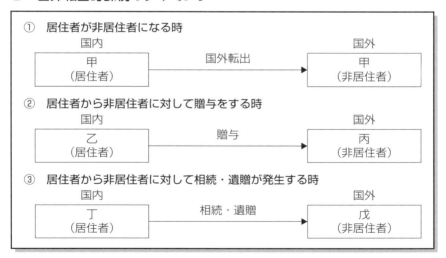

● **対象資産（所法60の2①〜③）**

　有価証券，匿名組合契約の出資の持分，未決済の信用取引・発効日取引および未決済のデリバティブ取引が対象となります。

50 国際相続の概要
～高まる国際相続の可能性

近年,「国際相続」という言葉を聞く機会が増えています。経済や社会のグローバル化に伴い国際間の投資,人材の移動,国際結婚が増加している中,「国際相続」の必要性が高まっています。

● 国際相続とは？

日本の法律上,「国際相続」について明文の規定はありません。「国際相続」とは,相続の発生に伴い多国間にわたる法律関係や課税関係の調整が必要となる相続といえます。相続が発生した場合には,日本の法令だけではなく,被相続人または相続人の国籍,居住地そして財産所在地の状況次第で,相続に関する外国の法律面や税制面の適用関係を正確に把握する必要性があります。

● 日本の相続税制の現状

国によっては相続税がない国もあります。また,単純な比較はできませんが,日本の相続税の最高税率の55％は,現在,世界で最も高いレベルのものといわれています。日本の相続税の立法根拠として,偶然に取得した財産については,応分の負担を求めてもしかるべきだという考え方があります。現在では,一部の富裕層が何世代にもわたって富を独占することを防止するための「富の再分配」説が有名ですが,最近の税制改正の動向からは,単に国の税収を上げる目的だけでなく,生前贈与の促進や消費の拡大を通して日本の経済をより活性化しようとする意図が窺われます。「国外財産調書」の提出制度の導入など,国が個人の生前の国外資産の把握に努めている中,実際の相続税の確定申告だけではなく生前の国外財産の申告義務にも注意が必要です。

● 相続税の納税義務者の区分

相続税の納税義務者は,右図表Bのとおり区分され,その区分ごとに課税財産の範囲が定められています。

A：インドネシア，タイ，フィリピンおよびベトナムの相続税の現状

国	相続税の有無
インドネシア	無
タイ	有(注1)
フィリピン	有
ベトナム	無(注2)

(注) 1　2015年5月公布，2016年2月施行
　　 2　所得税として10％課税

B：日本の相続税の納税義務者の区分および課税財産の範囲

納税義務者の区分	定　義	課税財産
居住無制限納税義務者	相続または遺贈により財産を取得した個人でその財産を取得した時において日本に住所を有する者	国内・国外財産
非居住無制限納税義務者	相続または遺贈により財産を取得した次に掲げる者で，その財産を取得した時において日本に住所を有しない者	―
	①　日本国籍を有する個人（その個人または被相続人がその相続開始前5年以内のいずれかの時において日本に住所を有していたことがある場合に限る）	国内・国外財産
	②　日本国籍を有しない個人（被相続人がその相続開始時において日本に住所を有していた場合に限る）	国内・国外財産
制限納税義務者	相続または遺贈により日本にある財産を取得した個人でその財産を取得した時において日本に住所を有しない者（上記非居住無制限納税義務者を除く）	国外財産
特定納税義務者	贈与により相続時精算課税の規定の適用を受ける財産を取得した個人（上記居住無制限納税義務者，非居住無制限納税義務者および制限納税義務者を除く）	相続時精算課税適用財産

51 日本の相続税の実務
～国際相続特有の確認事項

国際相続では，被相続人および相続人の住所の判定，相続財産の内外判定，国外財産の評価，外国税額控除の適用など確認事項があります。

● **確認事項の概要**

① **住所の判定**

住所は，納税義務者の区分を決定するうえで重要なポイントになります。その判定は，単に住民登録等の有無によることなく，実質的な生活の本拠がどこであるかにより判定します。

② **相続財産の所在地の内外判定**

相続財産の所在地は，課税財産の範囲を決定するうえで重要なポイントになります。相続財産の所在地の内外判定の基準については，その財産の種類ごとに右図表のとおり定められています。

③ **国外財産の評価**

相続財産は，原則として，財産評価基本通達に定める方法により評価します。ただし，外国の非上場株式や外国の不動産など同通達により評価できない場合には，同通達に定める方法に準じた方法，売買実例価額，精通者意見価格等を参酌して評価するものとされています。

④ **外国税額控除**

相続税法では，二重課税の調整のため外国税額控除制度が設けられています。その対象となる外国の税金は，「国外財産についてその地の法令により相続税に相当する税」とされています。したがって，国外財産の所在地国以外で課された税は，その対象とはなりません。

● **国際相続となるケース**

国際相続はさまざまな状況の中で発生します。被相続人，相続人ならびに相続財産との関係により，以下のようなケースが例として挙げられます。

① 被相続人の住所が外国，相続人の住所が日本にあるケース

財産の所在地の判定表

財産の種類	所在の判定
動産	その動産の所在による
不動産または不動産の上に存する権利 船舶または航空機	その不動産の所在による 船籍または航空機の登録をした機関の所在による
鉱業権，租鉱権，採石権	鉱区または採石場の所在による
漁業権または入漁権	漁場に最も近い沿岸の属する市町村またはこれに相当する行政区画による
預金，貯金，積金または寄託金で次に掲げるもの (1) 銀行，無尽会社または株式会社商工組合中央金庫に対する預金，貯金または積金 (2) 農業協同組合，農業協同組合連合会，水産業協同組合，信用協同組合，信用金庫または，労働金庫に対する預金，貯金または積金	その受入れをした営業所または事業所の所在による
生命保険契約または損害保険契約などの保険金	これらの契約を締結した保険会社の本店または主たる事務所の所在による
退職手当金等	退職手当金等を支払った者の住所または本店もしくは主たる事務所の所在による
貸付金債権	その債務者の住所または本店もしくは主たる事務所の所在による
社債，株式，法人に対する出資または外国預託証券	その社債もしくは株式の発行法人，出資されている法人，または外国預託証券に係る株式の発行法人の本店または主たる事務所の所在による
合同運用信託，投資信託および外国投資信託，特定受益証券発行信託または法人課税信託に関する権利	これらの信託の引受けをした営業所または事業所の所在による
特許権，実用新案権，意匠権，商標権等	その登録をした機関の所在による
著作権，出版権，著作隣接権	これらの権利の目的物を発行する営業所または事業所の所在による
上記財産以外の財産で，営業上または事業上の権利（売掛金等のほか営業権，電話加入権等）	その営業所または事業所の所在による
国債，地方債	国債および地方債は，法施行地（日本国内）に所在するものとする 外国または外国の地方公共団体その他これに準ずるものの発行する公債は，その外国に所在するものとする
その他の財産	その財産の権利者であった被相続人の住所による

② 被相続人の住所が日本，相続人の住所が外国にあるケース
③ 被相続人および相続人ともに外国に住所を有しているが，相続財産が日本に所在するケース
④ 被相続人および相続人ともに日本に住所を有しているが，相続財産が外国にあるケース

国外財産調書制度と海外赴任

　国外財産に係る所得や相続財産の申告漏れが近年増加傾向にあることなどから，課税の適正化を図ることを目的として「国外財産調書制度」が創設され，平成26年1月から施行されています。他の先進諸国の中にはすでに同様の制度が設けられている国もあり，不提出や虚偽記載等の違反者は1年以下の懲役または50万円以下の罰金の対象となります。

　この国外財産調書制度では，その年の12月31日において5,000万円を超える国外財産を有する居住者に対して，翌年3月15日までに国外財産調書を所轄税務署長に提出することを義務付けています。これは，「海外に財産を持っているのなら，定期的に国に報告してください。」ということであり，報告した財産について新たな税を課すというものではありません。

　なお，その年の12月31日において非居住者に該当する人については国外財産調書の提出義務はありません。また，その年の12月31日において居住者であった人が，海外赴任のため，翌年3月15日までに納税管理人の届出をしないで出国した場合にも，国外財産調書を提出する必要はないことになっています。

　日本企業の海外進出に伴い多くの人が海外に派遣され現地で生活をしていますが，その海外派遣期間中に取得した証券や海外不動産などの国外財産を，帰国後，継続して保有しているような場合において，国外財産調書の提出要件に該当するにもかかわらずその提出を忘れてしまい，思わぬペナルティを負うことのないように注意しましょう。

第4章

インドネシアの税務

52 インドネシア進出に関わる税務
～付加価値税の取扱いに注意

● まずは納税番号の取得を

　課税取引を適切に行うためには納税番号が2種類必要になります。会社を新規に設立する際は会社設立手続の一環で，所得税のための納税義務者番号（Nomor Pokok Wajib Pajak，通称"NPWP"）と，付加価値税（Value Added Tax，"VAT"）のための付加価値税課税業者番号（Pengukuhan Pengusaha Kena Pajak，通称"PKP"）の2種類を取得します。VAT課税会社になるためにはPKPを取ることが必要ですが，年間の売上が48億ルピアを超えなければPKPの取得は任意となります。ただ，PKPを取ることで，VAT課税取引について仮受VATと相殺ができたり還付ができるので課税上のメリットは大きいですが，月次の申告納税処理を継続的に行わなければならず，事務処理は煩雑になります。一方，VATについては不正事件が頻発しているため税務当局はPKP取得手続の厳格化，Faktur Pajakの番号管理の一元化，さらには今年7月からe-Faktur Pajak（通称"e-FP"）制度が施行されて税務当局によるVAT取引のオンライン管理が実施され，VAT取引管理をより一層厳しくしています。

● 会社設立時のVAT取引に要注意

　2012年の政令により「PKPを取得しても，商業生産開始（売上認識と解釈）までは，資本財に係るVAT以外は仮受VATとの相殺ないしは還付が認められない」ということになりました。これにより会社設立時のコンサルテーション費用や設立後に発生する日常の経費支払に関して発生するVATは，相殺および還付が認められなくなりました。一方，資本財購入に係るVATは依然として相殺ないしは還付が認められます。ただ，資本財の要件の1つに減価償却できることというくだりが規則上規定されていて，これにより「土地」は資本財ではないという解釈があります。しかしながら，実務上土地のVATの還付事例が伝えられてい

A:NPWP 取得に必要な資料

NPWP 申請書
BKPM(投資調整庁)の仮事業許可証(Izin Prinsip)の写し
会社定款の写し
法務人権省の会社設立認可書の写し
地方政府発行の会社の所在証明書(domisili)のコピー

B:PKP 取得に必要な資料

PKP 申請書
会社所在事務所の賃貸契約書の写し,写真および所在地周辺の地図,賃貸料に係る源泉税の納税書(SSP)および源泉徴収証(Bukti Pemotongan)
会社の備品リスト(机,パソコン等)
会社社表者(社長ないしは取締役)の滞在許可証(KITAS),就労許可証(IMTA),納税義務者番号(NPWP)の写しおよびメールアドレス
委任状
会社案内,納税番号証の写し,財務諸表/活動を始めていない場合はその旨のレター
銀行の取引明細,銀行からの資本金入金証明書
商業省からの会社設立許可証(TDP)

ますので,相殺ないしは還付ができないという取扱いは統一的にされていることではないのですが,このあたり留意が必要となります。

53 移転価格税制による課税強化
～ロイヤルティの取扱いなどに注意

● 近況

2010年に移転価格税制が導入されてから，税務当局は実務上移転価格による徴税に傾注しています。インドネシアの移転価格制度はOECDモデルに準拠しているため諸外国の制度に比べて特異な制度があるわけではありません。ただ，税務行政執行にあたって当局の裁量権が相当程度広く，公平な執行が行われているとは言い難いという特徴があります。

● ロイヤルティの取扱い

日系製造業は材料調達，製法，販売に至るまですべて本社主導のもとで行われているケースが多いため，グループ企業間（関連当事者間）で利益移転が行われているのではないかとみられがちです。つまり，事業形態が本社主導による委託製造で，本来ノウハウの利用など製造に係るコストはすべて利益に織り込み済みのはずなのに，ロイヤルティを支払っているような場合はこれを実質的に配当金であるとみなそうとします。この場合，ロイヤルティは損金不算入とされ法人税が25％課税されるだけでなく，ロイヤルティ支払に伴って支払った仮払VATが相殺されているので，無効な費用に係る実態のない仮払VATを相殺したことによるペナルティが100％科されることになります。

ちなみに，ロイヤルティ支払に際して支払った源泉税は他の支払に転用（Over Booking）することが可能です。ロイヤルティの損金処理が認められるためには，役務提供，すなわちブランドやノウハウ利用の事実の説明と，取引価格が独立企業間価格であることが検証されることが必要です。ロイヤルティの適正料率が示されているわけではありませんが，移転価格税制施行以前の税務慣習として売上の2～3％程度は認められていましたので，これを1つの目安として料率決定をすることになります。

また，関連当事者間取引の価格が独立企業間価格であることを文書に

移転価格調査に備えてどのような対応をすべきか？

"移転価格レポート"および"独立企業間価格（アームスレングスプライス）の説明資料"の双方の整備が重要です。

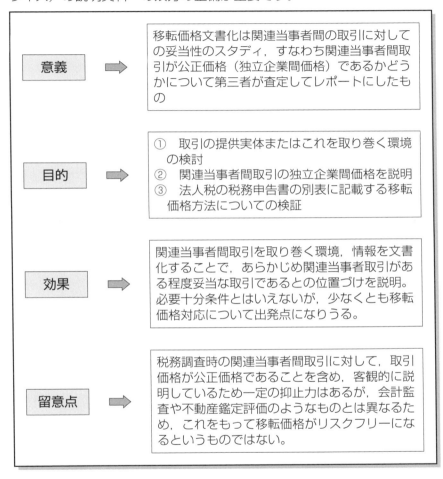

よって評価しておくことも一考です。規則上，一取引先と年間100億ルピア以上の取引がある場合，文書化が強制されています。

54 個人所得の申告
～駐在員は納税番号を取って確定申告することが必要

● 概要

現地法人が日本人を含む従業員に対して支払う給与については，現地法人が源泉徴収をして翌月10日までに納税，20日までに申告を行い，さらに暦年で年度末には年間税額を再度計算して翌1月10日までに年間税額の調整額を納税し，20日までに年末調整表（1721書式）を税務当局に提出します。さらに一定の所得（年額約30万円程度以上）がある個人は，個人の納税番号に基づき確定申告を実施します。これも同様に暦年ベースで全世界所得について年間税額を計算することになりますが，納税および申告期限は翌年3月末日までとなります。なお，次年度は確定申告で申告した所得額を12等分して毎月前払税金として前納し申告をします。

● 納税番号の取得

居住者として駐在する場合は，各人で納税義務者番号（NPWP）を取得し，確定申告を実施することが必要となります。インドネシアの所得税法上，居住者の定義は"任意の12ヵ月間で183日超滞在した場合"や"居住の意思を持つ者"が居住者になります。暦年（1月～12月）で判断されるのではないことに注意が必要です。

● 全世界所得ベースの申告

また，駐在員の日本払給与額を証明するために，親会社から年1回給与証明書を取り寄せて税務申告書に添付することが必要です。さらに日本で留守宅を貸している場合の家賃収入，株式売買収入などすべての所得を取り込むことが必要です。あと現地で現物支給されているアパート賃借料は全額，自動車や携帯電話関連費用は50％について，法人での課税，ないし個人所得として課税することが必要です。

個人が申告する所得が2002年に公表されている外国人の給与のガイドラインに照らして極端に少ないような場合は過少申告と疑われることもあり，税務リスクにつながる可能性もありますので注意が必要です。

給与申告のフロー

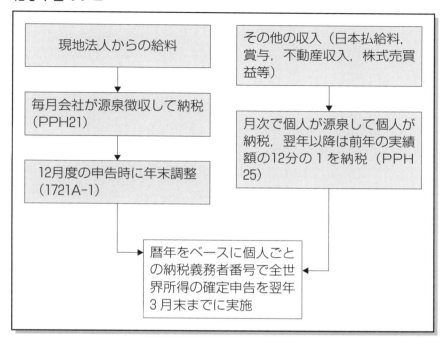

55 インドネシアの税務行政
～当局による裁量の幅が大きい

● 近況

ユドヨノ政権時に設置された汚職撲滅委員会（Komisi Pemberantasan Korupsi，通称"KPK"）の設立以降，インドネシアの税務行政は制度上は相当程度改善の努力がなされ，現在でもそれは継続されていますが，当局による裁量の幅が依然として大きいため，税務実務対応は容易ではありません。税務行政の品質向上目標を掲げ，各会社には税務担当官が配置されていますが，最近の彼らの立ち位置は納税者側の便宜を図るというよりは，各納税者から徴税につながりそうな情報を得て徴税につなげようとしている感が否めません。また，日本の国税局に当たる租税総局にはクリーンパジャックという税務相談窓口が設けられていますが，対応する担当官によりレベルの相違が相当程度あり，見解が必ずしも信用するに足るものではなく，残念ながら実務上の判断に資するというレベルには至っていません。

● 税額確定までの流れ

法人税は申告納税方式で，年1回納税申告を実施します。税額が確定するためには，①税務調査により更正を受ける，ないしは②5年間の時効が到来する，のいずれかが必要となります。税務調査は税金の還付申請をした場合や相応の期間（経験則上3～5年）損失計上が継続するような場合に実施されます。税務調査は調査官が会社を訪問して調査することはまれで，求められた資料や情報を当局へ提出したり，説明のために当局へ出頭します。

税務調査の一般的な流れは税務調査，異議申立て（オブジェクション），税務裁判（アピール），税務裁判の最高裁（ジュディシャルレビュー）と4段階用意されています（右図表参照）。税務調査がこじれて税務裁判まで持ち込んだ場合，一連の手続に要する期間はおおむね3年～5年となっていますが，コンプライアンス重視の最近の日系企業の傾向から

税務調査の流れ

税務調査	異議申立て(オブジェクション)	税務裁判(アピール)	最高裁(ジュディシャルレビュー)
迅速な資料提出が必要 ・要求された資料の提出は1ヵ月以内 **更正金額の支払は緩和** ・クロージングカンファレンス(税務調査の最終会議)で同意した金額のみ支払 **移転価格調査の強化** ・移転価格に重点を置いた税務調査 ・移転価格関係規則は基本的にOECDモデルに準拠 ・移転価格調査にありがちな税務調査官の裁量が大きく、一貫性欠如	**異議申立ての手続が厳格化** ・納税者側から資料の追加提出は原則認められない(第三者からのデータの提出は可) ・当局との打ち合わせごとに議事録に署名が求められる。ダイレクターないしはその代理人が署名 **支払に対する罰金等** ・異議申立てが却下され、更正を受け入れた場合、未納付の更正金額に対して50%の課徴金(ペナルティ)が課される ・異議申立てで主張が認められても過払部分に対する金利はもらえない	**増加するアピール** ・税務裁判へ持ち込まれるケースが著しく増加 ・裁判官は高齢者が多いため最新の移転価格制度に不慣れで、簡単な案件でも裁判の結果については予断を許さない状況 **支払に対する罰金等** ・税務裁判で敗訴した場合、未納付の更正額に対して100%の課徴金が課される ・税務裁判で勝訴した場合でも過払税金についての金利はもらえない	・税務知識を有する裁判官が1人しかいないため、税務上の理論が審議されるわけではない ・依然として移転価格など特殊案件に不慣れ ・尋問などのヒアリングの場は与えられず、文書での審議のみで判決が出される ・裁判の判決が出るまでに実務上2〜5年程度の長期間を要する

すると、税務裁判などで妥当な判断を受けるまで継続するのが一般的です。

56 多岐にわたる源泉徴収
～ほぼすべてのサービス取引で必要になる

● 制度の概要

　これからインドネシアの実務に関わろうとされる方は、源泉徴収制度に困惑されることがあるかと思います。日本では会社から支払われる給与の源泉徴収制度は比較的馴染みがありますが、これ以外では個人で事業をしている弁護士への報酬など源泉徴収が必要なケースは限定的です。一方、インドネシアでは、サービスの支払に際してはほぼすべてで源泉徴収が必要になります。源泉徴収は対価を受け取る側の法人税の前払を支払側が代わりに実施してこれを当局に支払うという制度です。納税の確証として取引ごとに源泉徴収票（bukti pemotongan pajak penghasilan）を作成し相手側に発行します。源泉徴収が必要な取引であるにもかかわらずこれを怠った場合は、怠った会社側がその責めを問われることになり、月額2％の金利が最大24ヵ月、つまり48％まで課されることになりますので注意が必要です。

● いろいろな取引で源泉徴収制度が適用

　実務にあたって源泉税が課される取引の主なものを右図表Aに記載しています。源泉徴収は国内のサービス料の支払だけでなく、国外へのサービス料の支払も対象になりますし（所得税法26条。「PPH26」という）、さらに不動産賃貸料にも課されるうえ（PPH 4-2）、インドネシア企業の株式を非居住企業が売買する際の譲渡価格への課税（PPH 26-2a 参照）もされます。これと反対に受取側から見た場合に、収益に対して源泉徴収されるのはサービス業ですが、製造業でも自らの資本財を輸入する際の通関時に源泉徴収（PPH22）が必要になります。これは、資本財を輸入する会社の前払法人税となりますので、会社設立初期段階で会社が法人税納税とは無関係と思っていたら知らぬ間に源泉徴収がされていて、還付請求をしたら結果として税務調査を受ける羽目になる、ということもよくありますので注意が必要です。

A：サービスなど支払時に源泉徴収が必要な取引および源泉税率

（国内取引）	各種コンサルティングサービス，弁護士や会計サービス，自動車レンタルサービス	2％
	アパートやオフィスの賃貸料	10％
	建設サービス	3～6％
	配当金，金利	20％
（国外取引）	技術支援サービス	20％
	ロイヤルティ	20％

ただし，租税条約適用により減免あり。

B：法人税の前払が生じるケースおよび前払法人税率

製造業で機械，設備等の輸入	輸入ライセンス有　2.5％ 輸入ライセンス無　7.5％（PPH22）
商社で製品の輸入	2.5％（PPH22）
サービス業の売上	2％（PPH23）
不動産賃貸の賃貸料収入	10％（PPH4-2　ファイナルタックス）

→これにより設立初年度でも税務調査の可能性あり。
　上記法人税の前払⇒　還付⇒　税務調査

米ドル会計

　インドネシアでは，特に外国企業の場合，実務上外貨で取引契約をし，代金決済も外貨でするケースが散見されます。ルピア通貨の価値が安定しておらず，記帳がルピアで行われていると会計上為替リスクにさらされることになるため，これを嫌って国外取引のみならず国内取引についても業界によっては慣習上非ルピア取引が行われてきました。財務管理上も，為替差損益による影響を軽減するために記帳を外貨で行いたいというニーズがあります。インドネシアの会計基準は基本的にはIFRSに準拠しているため，会社の帳簿は主たる取引（売上，仕入および借入項目）通貨で記帳することが求められ，機能通貨の判定が必要になります。機能通貨の判断を適切に実施しておかないと，会計監査に際して最悪，意見表明がされないという事態にもなりかねません。

　しかしながら，税務上は様相を異にします。税務上外貨による記帳は米ドルのみが認められるというのが現状制度になっています。機能通貨が米ドルでない場合に米ドル記帳を実施しようとする場合は，会計との調整が困難になりますので，実際の取引通貨まで見極めて米ドル通貨にすることが必要となります。さらに申請のタイミングにも注意が必要です。会社を新設する際は設立日（定款日付）以降3ヵ月以内，既設の会社の場合は通貨を変更しようとする事業年度開始の3ヵ月前までに税務当局に申請をして許可を得ることが必要です。ただし，いったん許可を受けると5年間は変更することができないので要注意です。

　ところが2015年7月1日から，このような判断に影響を及ぼしそうなインドネシア中央銀行規則が施行され，実務上混乱が生じています。インドネシア国内の取引は原則的にはルピアで実施しなければならないというものです。そうなると，すでに米ドル会計の承認を得てしまったような会社は，これを将来的にルピアに変更するような対応が必要になります。この制度の実施細則に留意していく必要がある状況です。

第5章

タイの税務

57 タイ進出に関わる税務
～タイ特有の設立時の税務留意事項

タイに会社を設立後，税務に関係して必ず必要となる手続は，次のとおりです。

● VAT（付加価値税）登録と物品購入

タイでは会社設立と同時に会社番号が与えられ，それが法人税の納税者番号となりますが，VAT登録は別途行う必要があります。1年間の課税売上高が180万バーツ以上となる場合には登録が強制され，また，設立当初でしばらく売上が見込めずとも，設立後に生じる物品購入等，すなわち工場の建設工事，事務所の内装，家具やパソコンの購入等といった取引にはVATが課税されるため，支払ったVATを将来の売上のVATと相殺すべく申告しておくことが必要です。したがって，会社設立後これらの支払がすぐになされる場合には，VAT登録をすみやかに行っておく必要があります。なお，タイではVATの申告は毎月確定申告となります。

● 親会社立替費用の精算方法

タイ会社設立前に，不動産の契約を一時的に親会社名義で行い，前払家賃等，タイ会社の費用を負担することはよくあります。日本の税務上，原則として，海外子会社設立後における海外子会社に係る経費は損金算入が認められないことから，これら費用等は海外子会社に請求することになります。親会社はDebit Note（デビットノート）を英文で作成し，タイ会社に請求することで，タイの税務上の損金処理は可能となり，またDebit Noteにオリジナルの請求書を添付すれば，タイの銀行から送金するに際しても問題なく送金ができるようです。なお，タイのVATはインボイス方式を採用しており，VATが課税される文書をTax Invoice（タックスインボイス）といいますが，タイのサプライヤー等から日本の親会社に対して一度Tax Invoiceが発行されてしまうと，タイ会社において仕入税額控除ができなくなるため，サプライヤー等と事前

A：VAT 登録

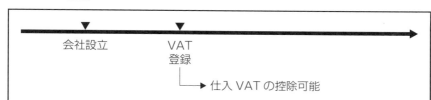

VAT 登録に必要な資料
- オーナーの Letter of Consent（同意書）
- 賃貸ビル自体のタビヤンバーン（House Certificate of the Office）
- 事務所物件の賃貸借契約書
- 会社登記事項証明書（Affidavit）
- サイン権のある取締役1名のパスポートコピー
- 会社所在地の地図
- 会社の看板，ビル自体の写真，エントランス，事務所入口，執務室など
- 月間予想売上高の情報

B：親会社立替費用の精算（オフィス賃貸借契約の例）

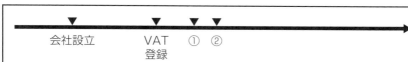

① 親会社が契約した賃貸借契約のタイ子会社名義への変更
　その後の家賃インボイスは子会社へ請求される
② 親会社が立て替えた Deposit や前払家賃は親会社が「Debit Note」を発行して請求する。
　なお，送金の際には銀行窓口にてオリジナルのインボイス（親会社宛）の提示を求められることが多い。

にその点について確認しておく必要があります。

58 外国人事業規制と PE 認定
～タイにおける PE 認定課税

アジア新興国においてはPE（Permanent Establishment；恒久的施設）の税務問題が顕出していますが，タイにおいても少なからず存在します。

● PE のタイ税法規定と租税条約

タイ内国歳入法第76条の2において，「外国会社がタイ国内における事業遂行に際し使用人，代理人もしくは仲介人（以下「使用人等」）を有する場合には，それら使用人等は外国会社の代理人とされ，タイでの納税義務を負う」とあり，その場合，税務当局は，同第70条(1)の課税方法，すなわち総収入金額の5％相当額を租税とみなして課税することができるとされています。

一方，日タイ租税条約第5条第6項においては，タイ税法でいう上述の使用人等（独立の代理人を除く）が契約を締結する権限を有し，それが反復して行われる場合にはPEとされる，とより限定した取扱いとなっていますが，実際の実務においては事実認定が難しいところです。例えば，日本の親会社社員がタイに出張し，タイ子会社とタイでの得意先への販売に関与し，タイ子会社から日本親会社に販売コミッションを支払うケースがありますが，このような場合，税務当局によるPE認定には注意が必要です。

● タイの外国人事業法

一方，タイには外国企業もしくは外国資本がタイでの事業を規制する外国人事業法が存在し，そこでは製造業（委託加工型等サービス業とされるものを除く）以外の卸売業や小売業，一切のサービス業は事業を行えないことになっています。税法の規定のみならず，PE認定によって外国人事業法違反となれば罰金刑や禁錮刑となることから，こちらへの配慮も必要となります。

PE(Permanent Establishment;恒久的施設)とは

> PEとは,事業を行う一定の場所であり,企業がその事業の全部または一部を行っている場所をいう

PE認定される可能性があるとされる取引
・親会社への販売支援費(コミッション)の支払をしている
・親会社へ出向駐在員の日本払給料の支払をしている
・親会社の在庫が当地に存在し,そのコントロールを行っている

タイ,外国人事業法:外国人(外資企業)がタイで事業を行うことを制限する法律

- 外資企業が独資で可能な事業の例
  ・製造業(委託加工型等サービス業とされるものを除く)
- 外資企業が独資もしくは資本の過半数をとることが不可能な事業の例
  ・卸売業(資本が100百万バーツ以上の場合を除く)
  ・小売業(〃   )
  ・サービス業
  ・飲食業
  ・運送・倉庫業
  ・建設業　など

59 親子会社双方の取締役の日本払役員報酬の取扱い
～タイにおける日本法人の役員報酬の課税関係

日本の所得税法上，居住者に対する課税はいわゆる全世界所得課税ですが，タイでの取扱いはそれとは異なります。

● タイの居住者課税

タイの税法上の居住者とは暦年で180日以上タイ国内に滞在する者をいい，課税所得の範囲はタイ国内源泉所得と，タイ国外源泉所得のうち，同年度内にタイに持ち込んだもの，と定められています。このタイ国外源泉所得とは，具体的には，日本の不動産から得た不動産所得や日本の年金所得などタイ国外において稼得した所得をいいます。

● 租税条約における役員報酬規定

日タイ租税条約第15条の役員報酬の規定では，タイの居住者であってタイ会社の役員である者が，日本の会社の役員として得る役員報酬は日本で課税できるものとされています。日本の会社が支払う役員報酬は，日本の税法上，その役員の勤務地がタイであっても，日本の国内源泉所得として課税される扱いとなります。

● 実務上の取扱い

では，タイではどう扱うべきでしょうか。租税条約はタイでの課税を否定はしていません。しかし，タイ国税法で国内源泉所得であると明確に定義していないため国外源泉所得として考えられ，所得を得た同年度内にタイ国内に持ち込まない限り課税とならない，すなわちタイで合算課税の対象にならないというのが実務上の取扱いです。

しかしながら，タイでの就労時間に比べ日本でのそれが圧倒的に短いにもかかわらず日本で支払われる役員報酬がタイのそれより高額といった場合には，タイ税務当局も課税とする可能性があります。合算課税された場合には，日本で源泉徴収された税金はタイで外国税額控除の対象となります。

タイの居住者，非居住者の課税範囲

(1) 居住者の定義と課税範囲
・暦年で180日以上タイ国内に滞在する者

⇓ 課税範囲

① タイの国内源泉所得
  （タイ国内の職務や事業から生ずる所得など）

＋

② タイの国外源泉所得で<u>同年度内にタイに持ち込んだもの</u>
  ⇒ 日本の親会社の役員として得る役員報酬はこれに該当すると解される

(2) 非居住者の定義と課税範囲
・居住者以外の者

⇓ 課税範囲

タイの国内源泉所得　のみ

60　税務調査，課税処分，税務訴訟，加算税
～タイの税務調査の現状

　タイにおける税務調査の流れはおおむね右図表Aのとおりです。日系企業に対してはまず電話連絡があり，資料の提出を要求されます。製造業においては，初めての場合は現場を訪問されることもありますが，日本と異なり会社で調査を続けられることは稀で，資料を揃えて提出した後は税務署から呼び出されてそこで質疑応答を行う流れが一般的です。

● 召喚状（Summon；サモン）を受ける場合

　税務調査で税務当局の見解に従わない場合は，召喚状が発行され，一方的な調査，見解によって更正決定がなされます。したがって，召喚状が発行される事態はイコール裁判を視野に入れた事案，すなわち見解の相違があまりにも大きく，過去の税務事例でも例を見ない解釈に限るべきで，納税者も相当の覚悟が必要です。たとえ異議申立てするにしても，いったんペナルティ等を支払う必要があります。

● 税務訴訟

　日系企業でも税務訴訟となっているケースはいくつかありますが，数的に多くはありません。まだ税務当局の権限が強く，異議申立てや租税裁判所の段階では納税者が勝てる見込みは高くないといわれています。なお，最高裁判所では日本同様，過去の税務当局の解釈や判断にとらわれず，法令に基づいた判断がなされます。

● 還付申請

　還付申請は内国歳入法第27条の3により，申告期限から3年以内を期限として行えますが，同第27条の4により，申請後には調査のために納税者の出頭や資料の提出が求められます。

　サービス業では取引時に源泉税が課税されることや，製造業では設立当初に投資を行って仮払VATが多額に生じる場合があるため，還付を検討することがありますが，この場合，税務調査を受けることになることも視野に入れておくことが必要です。

A：税務調査の流れ

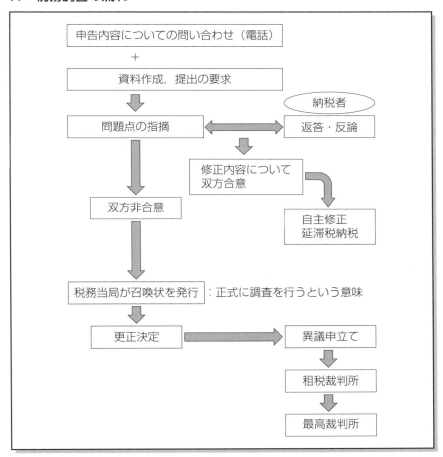

B：ペナルティ，延滞税について

		法人税	VAT	源泉所得税
ペナルティ	過少申告	100%		―
		自主修正により免除あり	自主修正により軽減あり	
	無申告	200%（交渉により軽減あり）		―
延滞税		1.5%／月		

61 源泉所得税の対象取引と源泉徴収票の作成
～タイにおける源泉徴収の実務

● 毎月手間を要する事務

　タイでは，租税の安定的早期徴収を目的として，サービス取引については源泉税を課しています。主なものは右図表Bのとおりですが，これらはサービスを受けた支払側に納税義務があるため，申告を失念すると延滞税が課されます。

　手続の流れについても右図表Aに記載のとおりですが，サプライヤーに支払の都度，源泉証明書を作成してサプライヤーに渡す必要があります。家賃やリース代，電話代，コンサル費用と対象は多数です。これらを控除した源泉所得税は1ヵ月分をまとめて，所得の種類の応じた申告フォームで税務署に翌月7日までに毎月申告および納付を行うことになります。

● 忘れがちな海外への支払に係る源泉税

　親会社から請求のあったロイヤルティや，親会社借入金の支払利息については，租税条約の適用により源泉税率を判断して納付手続が必要なことは一般的によく理解されていますが，例えばWEBサイトで海外の会社からソフトウェアを購入した場合には，これも同じく源泉所得税の対象取引となるため注意が必要です。通常は源泉所得税15％を控除せずに支払を行う必要があることから，グロスアップの方法により，15％控除後の金額が支払額となるように計算をして源泉所得税を納めることになります。

　なお，この源泉所得税の課税可否判断に加えて，VATについても同様の判断が必要です。サービスの輸入取引は，タイ国内で使用されたことが明らかな場合は原則課税取引となりますので，忘れずに対応しておかなければなりません。

A：源泉所得税納税プロセス

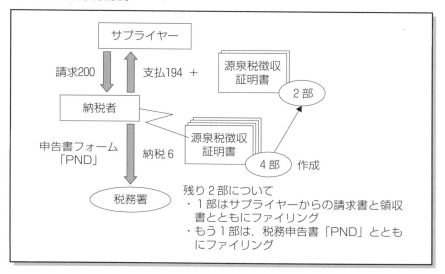

B：源泉所得税の対象となるサービス取引の主なもの

支払の種類			税率
工事代金（工場の建設工事や内装，事務所の内装などの代金など）			3％
賃貸料（家賃やリース等）			
タイでは商慣習上，賃料は賃貸料とサービス料に分かれて請求されることが多く見受けられます。 例として賃料100,000バーツうち ・賃貸料　60,000バーツに源泉税5％（3,000バーツ）（VATは課税なし） ・サービス料　40,000バーツに源泉税3％（1,200バーツ）（VATは課税7％）	工場家賃	賃貸料	5％
	事務所家賃	サービス料	3％
	機械設備等	リース費	5％ （免除規定あり）
無形資産のロイヤルティ（特許，コピーライトなど）			3％
通信費（電話代，インターネット代など）			3％
広告費（フリーペーパーや新聞の広告など）			2％
諸報酬（人材紹介，コンサル報酬，翻訳・通訳など）			3％
保険料（医療保険や労災保険，損害保険など）			1％
利子（金融機関への債権，社債等で発生した利子など）			1％
配当金（タイ内国企業が25％以上の持分を保有する株主は免税，持合いを除く）			10％

タックス・ルーリング

■ タックス・ルーリングとは

　日本では納税者が国税局に対し，事前照会や一般文書回答手続といった，税務解釈に対する税務当局の見解を事前に求める手続が用意されていますが，タイにおいても同様に，プライベート・タックス・ルーリング（PLR）という名で税務当局の税務解釈について確認する手続が準備されています。

　手続の流れは下記のとおりですが，日本の税務当局がおおむね3ヵ月をめどにその解釈の通知を納税者に対して行う努力をすることを明示しているのに対し，タイの税務当局から見解を得るには最低でも1年，案件によっては2年を要します。

　案件自体，年間数百件を超えているようであり，当地の事情を考えればタイの税務当局も納税者の要望に応える努力をしているといえます。

■ 申請すべき業種

　輸出型企業は，仕入や経費に支払ったVATを売上のVATと相殺できずに支払VATが蓄積します。大手の輸出優良企業や認定を受けた登録輸出企業は税務調査を経ずにVAT還付がされますが，比較的大手の企業に限定されるため，日系の中小企業で特にサービスの輸出，例えば海外の親会社に対してソフトウェアの受託製作を行うといった場合には，時間を要してでも事前にPLRを申請し輸出免税の結論を得ておけば，その後スムーズに還付申請をすることができます。

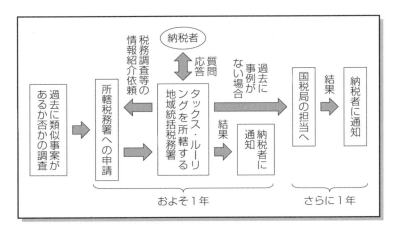

第6章

フィリピンの税務

62 フィリピン進出に関わる税務
～活用したい各種の恩典

フィリピンには，国税として法人・個人所得税等の直接税のほか，間接税である付加価値税や，関税庁が管轄する関税，地方税として地方事業税，住民税，固定資産税，不動産移転税等があります。

● 納税者登録と課税範囲

これら諸税については，それぞれの所轄官庁に対して所定の登録手続を行う必要があります。フィリピンに進出しながらこの登録手続や初回申告を怠っていると，申告遅延のペナルティが生じるので注意が必要です。

これら諸税は，原則として，フィリピン国内で行われる商業活動が課税対象となります。ただし，非課税事業者や非課税取引が定められており，例えば月額一定額未満の賃貸収入を得るだけの不動産所得については，付加価値税や百分率税が非課税となることもあります。

● 投資優遇策による税務恩典

特定の分野や地域への投資については，それぞれの特別法により税務上の恩典が規定されています。例えば投資委員会（BOI）から発表される「投資優先計画」に含まれる投資分野や地域については，4年から6年間の法人所得税の免除のほか，労務費に関する追加控除が定められており，労働者数比率がBOIの定める比率を上回る場合，最初の5年間，労務費の50％を課税所得から追加控除できます。

さらに，経済特別区庁（PEZA）が管轄する経済特区（エコゾーン）内で製造を行い，製造量の70％をフィリピン国外に輸出する事業（エコゾーン輸出製造業）やIT企業についても，操業開始後4年から最長8年間，法人所得税と，資本財，原材料，補修材料の輸入関税，ならびに固定資産税を除く地方税が免税となります。この免税期間終了後は，5％の総所得課税の代わりにすべての国税，地方税が免除されます。

フィリピンの税体系

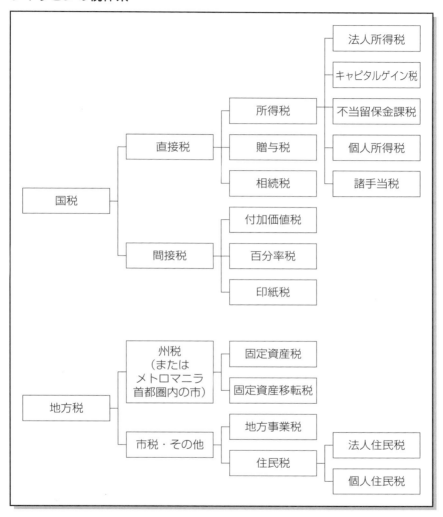

63 法人所得税および租税条約の適用関係
〜事業立上げ初期の PE 認定に注意

フィリピンの法人所得税は，内国法人および居住外国法人については全世界所得，非居住外国法人についてはフィリピン源泉所得についてのみ課税されます。

● 多様な法人税率

法人所得税率は，通常，課税所得に対して30％です。課税所得は会計原則に従って計算しますが，未実現の損益は課税されません。営業損失の繰越控除は3期にわたって認められます。

一方，課税所得がマイナスまたは著しく小さい法人については，最低法人税が課されます。これは総所得の2％と通常法人税を比較し，いずれか大きいほうを納税するもので，事業開始後，第4期目から適用となります。

また，フィリピン経済特区等に登録している事業については，通常の国税・地方税に代えて総所得の5％課税の適用が認められます。ただし，その適用の範囲は登録事業に限られ，登録事業外からの所得については通常法人税が課税されます。

● 租税条約の適用

非居住外国法人への所得の支払は，原則として源泉分離課税の対象となります。税率は，役務提供については30％，利息は20％，配当は30％などとなっています。日比租税条約を適用すれば，利息も配当も10％となりますが，租税条約で定められた優遇税率の適用には，事前に国税庁国際税務課に租税条約適用を認める旨の個別通達（TTRA）の発行を申請しておく必要があります。

一方，事業所得については「PE（恒久的施設）なければ課税なし」の原則が適用となります。ただし日比租税条約では，例えば従業員を通じてコンサルティングを1年間で6ヵ月以上提供する場合はPE認定がなされ，フィリピンでの課税が生じます。特にフィリピン事業立上げ初期の応援スタッフの派遣においては注意が必要です。

A：地域別の取扱い

	特定事業	一般事業
特定地域	フィリピン経済特別区（PEZA） 経済特別区内の特定事業に対し，所得税免税期間＋免税期間経過後の軽減税率適用（総所得の5％）	投資委員会（BOI） 低開発地域に対する事業投資に対して，所得税免税期間＋免税期間経過後は通常法人税または最低法人税
一般地域	投資委員会（BOI） 投資優先計画（IPP）掲載事業について，所得税免税期間＋免税期間経過後は通常法人税または最低法人税	通常法人税または最低法人税

B：法人税率

	課税標準	税率
通常法人税	税引前利益	30%
最低法人税	総所得	2％

C：非居住外国法人に対する支払

	源泉徴収税率	日比租税条約上の優遇税率
役務提供	30%	0％ （PEなければ課税なし）
配当	30%	親子会社間：10% 上記以外　：15%
利子	20%	10%
使用料	30%	映画フィルム，ラジオまたはテレビ放送用のフィルムまたはテープに係る使用料：15% 上記以外：10%

64 個人所得税および租税条約の適用関係
～「諸手当は非課税」ではない

　フィリピンでの個人の事業所得，勤労所得，受動的所得などに対しては，5～32％の累進税率での個人所得税が課されます。

● 諸手当に対する課税

　個人所得税の最高税率は比較的低いのですが，年間の課税所得が50万ペソを超える部分はこの最高税率の対象となります。また，基礎控除も5万ペソと少額です。したがって，日本人駐在員にとっては，日本での所得税額に比べて税負担が重く感じられます。

　現地の従業員については，勤務先から支給される米（月50kg相当まで）や残業時の食事補助，制服やその洗濯費，医療費等については，少額手当として非課税枠が個別に設けられています。

　一方，人事権のある役職者の諸手当については，社宅，個人用の社用車，渡切交際費などについて，諸手当税（フリンジベネフィット・タックス，FBT）が課されます。これは，当該手当を給与の手取りとして支払った際の所得税額相当額を法人に課税するもので，1998年の税制改正で導入されました。今でも「諸手当については非課税となる」との誤解が現地マネージャーの中にありますが，すでに法制度は大幅に変わっています。

● 外国人はフィリピン源泉所得のみ課税

　フィリピンの個人所得税は世界でも珍しく，外国人については居住・非居住を問わず，フィリピン国内源泉所得のみに課税される制度となっています。このため，フィリピンに住む日本人の日本法人からの役員報酬や年金等は，フィリピンでは課税対象外です。

　しかし，フィリピンの現地法人で勤務したことによる給与所得は，その支払がたとえ日本で行われたとしてもフィリピン源泉所得ですので，フィリピンで課税となります。ただし，日比租税条約により，その勤務日数が183日を超えず，その支払が日本法人からなされ，かつフィリピン法人に請求されない場合は，日本のみで課税されます。

個人所得課税の構造

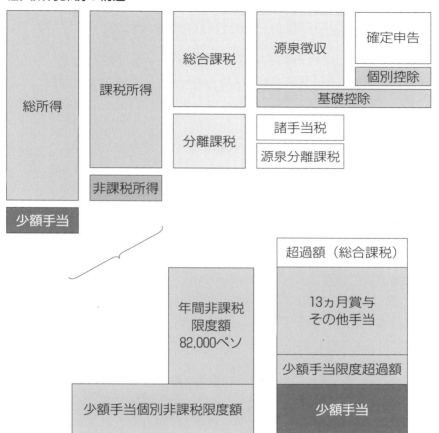

少額手当（例）	非課税限度額
有給休暇の買い上げ	10日分まで
医療費実費負担	年額10,000ペソ
扶養者医療費補助	月額125ペソ／半期750ペソ
米手当	月額1,500ペソ
制服手当	年額5,000ペソ
洗濯手当	月額300ペソ

65 税務調査，課税処分，税務訴訟，加算税
～税務訴訟は一定の公平性が保たれている

　税務調査は，所轄の地域税務局が税務調査の権限書（LOA）を発行することで開始されます。税務調査が行われるのは確定申告期限から3年以内が普通ですが，不正等が発見された場合は，過去10年間にさかのぼります。

　税務調査では，通常，各種申告書と帳簿上の金額との差額について，納付漏れの指摘や損金算入否認がなされます。個別の帳票書類までさかのぼって詳細を調査されるケースは多くはありませんが，税務署側の指摘事項に対する反証義務は納税者に課されるため，納税者側は過去10年分の帳票類を保管しておき，適宜証拠として提出する必要があります。

● 課税処分と加算税

　税務調査の結果，更正決定通知（ファイナル・アセスメント・ノーティス，FAN）が発行されますが，納税者はこれに従った納税を行うか，再調査等を要求するかを30日以内に決定する必要があります。納付税額が納付すべき税額に比して過少と認められた場合には，当該納付の日より不足額が完納されるまでの期間について20％の利子税の対象とされます。

　さらに無申告の場合は，納付すべき税額について，25％の加算税と20％の利子税の対象となります。特にこれが故意に行われたと認められる場合には，重加算税50％の対象となり，さらに，1年以上10年未満の拘禁および罰金が科されます。

● 比較的公平な税務訴訟

　税務署の処分に不服がある場合は，国税庁不服審判所に提訴することができます。ここでは税務を専門とする弁護士が納税者の代理人に立つことが多いのですが，納税者側で十分な証拠があれば，税務署側の不合理な指摘には勝訴することができます。判決も英文で公表されますので，一定の公平性が保たれています。

税務調査から税務訴訟までの流れ

調査通知
税務調査権限書
(LOA：Letter of Authority)

質問検査等

更正または決定の
予備通知
(PAN：Preliminary Assessment Notice)

抗議書提出
(15日以内)

更正または決定の
最終通知
(FAN：Final Assessment Notice)

抗議書提出
(30日以内)

税務署による
再確認または再調査
(60日以内に補足資料提出)

国税不服審判所への提訴

66 VATその他の税金
～多額の投資にはキャピタルゲイン税等に注意

　フィリピン国内でのすべての事業上の取引および外国貨物（輸入）については，原則として付加価値税（VAT）が税率12％で課税されます。また，フィリピン国内で事業として経常的に物品の販売または製造，資産の賃貸およびサービスの提供を行う者で，年間売上高が1,919,500ペソを超える者，および物品の輸入を行う者は，すべてVAT納税義務者であり，「VAT登録事業者」として税務署に登録が義務づけられています。なお，免税点以下の事業者の取引は，原則として百分率税の対象となります。

● VATの輸出免税と仮払VATの還付

　輸出取引は本来VATの制度の枠外にあるものですが，これを非課税取引とすると輸出業者が国内ですでに支払っている仕入に係る税額が業者負担のコストとなってしまいます。これを回避するため，輸出売上をVATの課税対象とはするが，その税率はゼロとする，という免税措置により，輸出業者は仮払税金を他の仮受税金より控除することができ，超過する場合には還付請求も可能となるようにしています。

　同様の制度は，フィリピン経済特別区（PEZA）等の保税地区に入居している輸出型企業に対する売上取引についても認められています。例えば，PEZA内に建築する工場の建築費はVAT免税取引となります。このため建設会社は，建築資材の購入や外注費の支払に対してかかったVATを還付申請することになります。

● その他の税

　法人・個人に対する所得税や付加価値税のほか，固定資産や株式の処分に関わるキャピタルゲイン税や印紙税は，企業買収や事業再編など，多額の投資を伴う場合には特に注意が必要な税です。特に不動産等の場合，市場価値より著しく低い価額での取引に対しては，贈与税30％が課されることもあります。このほか，地方税として事業税や固定資産税があります。

VAT の取扱い

国内商取引	左記以外
課税取引 VAT-able Transaction 税率：12% 免税取引→仮払 VAT の還付可 Zero-rated Transaction 税率：0％ 非課税取引→仮払 VAT の還付不可 Exempt Transaction	不課税取引 Non-VAT Transaction

免税取引の種類	物品販売	役務提供
自動的に免税となる取引 (Automatic VAT Zero-rated Transaction)	①海外に物品が輸出され，外貨で支払を受ける取引 ②フィリピン非居住の買手に対する原材料や梱包材の販売で，フィリピン国内の輸出業者に輸出され，外貨で支払を受ける取引等	①フィリピン国外の顧客のために行う加工，製造，再梱包等の作業で，当該製品が輸出され，外貨で支払を受ける取引 ②上記以外の役務提供で，外貨で支払を受ける取引等
一定条件を満たした場合に免税とみなされる取引 (Effectively VAT Zero-rated Transaction)	①年間生産額の70％超を輸出する輸出型企業に対する，原材料または梱包材の販売 ②オムニバス投資法その他の特別法により輸出とみなされる取引	①年間生産額の70％超を輸出する企業に対する物品の加工，転換，製造業務の請負 ②特別法または条約により非課税とされている納税者または事業体への役務提供 ③再生可能エネルギー源や新エネルギー技術（燃料電池等）を使った動力または燃料の販売

フィリピン会計基準と税務

　フィリピンは2005年に国際財務報告基準（IFRS）とほぼ同等のフィリピン財務報告基準（PFRS）を導入しました。また，日本企業の子会社を中心とする非上場企業のうち，資産総額3億5,000万ペソ，負債総額2億5,000万ペソまでの企業については，2010年1月1日以降「中小企業のためのIFRS」に準拠した「PFRS for SME」への適用を求めています。

　一方，税法上，四半期売上が15万ペソ超の企業は，その経理帳簿について独立の公認会計士による年次監査を受けなければならないこととされています。このため，法人所得税の申告にあたってもPFRSに準拠した経理帳簿の作成が求められ，その帳簿に基づいた申告が行われることになります。しかし，PFRSに基づいた包括利益は，必ずしも税務上の課税所得にはなりません。

　例えば固定資産の減価償却については，経済的に使用が見込まれる期間にわたって減価償却を行うことになりますが，この耐用年数は経営者による見積りの変更により変更されることもあります。また，減損会計の適用対象となることもあります。こうした場合，税務上は，耐用年数の変更に基づく減価償却費の増減額は課税期間における実現損益として損金計上をそのまま認めますが，減損損失については未実現損失ですので課税所得税計算上は影響を与えません。

　また，PFRSに基づき，機能通貨がフィリピンペソ以外となる企業の場合，経理帳簿や財務報告も機能通貨で整備することになります。しかし，法人所得税の申告・納税はあくまでもフィリピンペソで行わなければなりません。

　こうしたPFRSとフィリピン所得税法上の所得計算の差異については，監査済財務諸表と申告書の間の調整表を作成し，申告書ととともに税務署に提出することが求められます。

第7章

ベトナムの税務

67 進出前におさえておくべき税金の種類
～ベトナム税務の概要と法の構成

● ベトナム税務の概要

ベトナムの税務システムの成立および発展は，1986年のドイモイ政策による外国投資の誘致が活発化されたことに伴い，諸外国の制度を意識しながら，現在の税務システムの適用が1990年代以降に始まりました。2000年代まで比較的曖昧な印象が強かったものの，2010年代に入り，法整備や税務調査などの制度が厳格化されるようになりました。会計年度は3月，6月，9月および12月決算から選ぶことができ，ベトナムの税金は，一般的に，下記3つのグループに分類されます。

- 所得税：法人所得税（CIT），個人所得税（PIT）
- 流通税および消費税：付加価値税（VAT），輸出入税，特別消費税など
- その他：外国契約者税（FCT：CIT，VATで構成），事業登録税など

これらのうち，外国契約者税については，他国にはないベトナム特有の税金であるので，後（71項参照）で説明することにします。

ベトナムでは，原則として，申告納税方式が採用され，税務調査は，CIT，VAT，PITまたはFCTならびに移転価格などほとんどの分野で行われています。また，他の発展途上国と同様に，法令の規定と実務上の取扱いとの間に相違点があり，時には納税者に不利な取扱いとなる可能性があります。

● 税法の構造

ベトナム税法は，右図表Aのように構成されています。国際的な取引に対する二重課税回避条約（租税条約，DTA）は，2014年末までに69ヵ国と締結しています。日本との間にも1995年に締結しています。

正式にWTOのメンバー加入後，ベトナムの税制や政策は国際規定との整合および外国投資の誘致の目的で改正が行われてきました。一般的な傾向としては，納税者の負担を下げるため，多くの関税障壁が撤廃されるとともに，多くのインセンティブが追加されています。

A：ベトナム税法の構造

名　　　称		内　　　容
Law	法律	基本法規
Resolution	決議	活動ガイドライン
Ordinance	制定	一時的な規定
Decree	政令	詳細規定
Circular	財務省令	実務指針
Decision	財務大臣決定書	上記に関する特別な取扱い
Official Letter	公式文書	個別案件に対する取扱い
Indication	指示	政府メンバーの指示

B：設立後に行うべき手続

手　続	実施時点	期　限	留意事項
固定資産減価償却方法の登録	設立後すぐ	－	・定率法も適用可能だが，実務上はほとんどが定額法 ・会計年度は3月，6月，9月および12月から選択可能 ・輸出加工企業などのように，主な取引・決済が外貨で行われる場合は記帳通貨を外貨とすることが可能
会計年度登録	設立後すぐ	－	
帳簿の外貨登録	設立後すぐ	－	
簿記方法の登録	設立後すぐ	－	
税コードの登録		ライセンス取得後10日以内	－
登録税納付	年次	企業管理登録後，毎年1月30日	資本金により金額は異なる。最大150米ドル程度

68 法人所得税および租税条約の適用関係
～法人所得税の基礎，損金算入要件と租税条約

● **ベトナムの法人所得税**

ベトナムの法人所得税は，法律により設立された法人である内国法人または国内に恒久的施設を有する外国法人の所得金額を課税標準として課されます。

現在，ベトナムの法人所得税の標準税率は22％ですが，法人所得税の減税スケジュールによると，2016年1月1日より20％になる予定です。

赤字企業は翌年に欠損金の繰越しをすることが可能ですが，繰越可能期間は赤字が発生した年より5年間となります。

優遇税制についても，税率軽減，税額免除などさまざまです。優遇税制の目的は，経済的に困難な地域における投資奨励または特別な分野（教育，ヘルスケア，環境保護，科学研究，インフラ発展，高度先進技術の工業化，ソフトウェア開発など）の発展奨励のためのものです。今後，雇用機会を創出できる大手企業に対する優遇も検討されています。

● **損金算入要件**

法人所得税における損金算入は，原則として，右図表Aの基本条件を満たすことが必要とされています。

損金不算入と指摘されるケースとして，税務調査の際，納税者が契約書，インボイスなどの適切かつ完全な請求書および証憑を提供できないといったことがよくみられます。一方で，社員旅行費用などの福利厚生費用のうちこれまで損金不算入とされていた費用について，一定の条件を満たせば損金算入されるといった改正も行われています。

● **租税条約について**

二国間取引について租税条約締結国との間では，一定の条件を満たせば，免除または軽減の適用を受けることができますが，手続について不明確な部分が多く，適用が困難な場合があります。相互協議についても，租税条約上の規定はありますが，実務的には運用されていない状況です。

A：法人所得税の損金算入要件

(VND：ベトナムドン)

1	実際に発生した費用および生産事業活動に直接起因および関連する費用であること
2	法律が要求する適切かつ完全な請求書，インボイスおよび証憑を添付した費用であること
3	2,000万VND（10万円相当）以上の支払は現金ではなく銀行振込みによること
4	特別なケースでは政府規定による上限を超えないこと

B：法人所得税に関する金額的重要性の高い項目

移転価格	ベトナムでも近年，移転価格税制が注目されています。現状では実際に追徴を命じられたケースはわずかですが，今後さらに厳しくなることが想定されます。そのため，法律で求められている移転価格に対する分析資料等の準備が必要となります。 なお，特に指摘されやすい会社としては，①3年連続して赤字，②赤字製品がある，③赤字にもかかわらず事業を拡張している，④一品につき二重価格を設定しているなどが挙げられます。
優遇税制	・事業拡張・新事業 設立当初の投資計画になかった［事業拡張または新規事業］を行う場合は，当該拡張・新規事業部分については優遇の期間が異なる，または，通常税率が適用されることとなります。新工場建設や新事業を追加したような場合には，当該部分について従来の事業と別個の損益管理をするとともに，税務上も区分して計算する必要があります。 ・契約書・請求書への明記 特定の事業について優遇を受ける場合は，契約書や請求書に当該事業内容が明記されていないと優遇を否認される可能性があります。
資本譲渡	外国法人がベトナム企業の出資持分を譲渡し所得を得た場合には，当該所得について課税されます。 「譲渡所得＝譲渡価格－購入価格－譲渡費用」 この点，多くの会社が簿価（払込資本）を譲渡価格としていますが，譲渡時の純資産が簿価を上回る場合には，所得が発生していると指摘される可能性があります。また，譲渡価格の妥当性を保証するため，第三者による企業価値評価手続の実施も検討する必要があります。

69 個人所得税および租税条約の適用関係
～居住者判定と税額計算

● ベトナムの個人所得税

　ベトナムの個人所得税はベトナムに滞在する期間の長短にかかわらず，原則として，課税が強制されます。以下２つの条件のいずれかまたは両方に該当する者は，ベトナムの居住者として扱われます。

① 暦年またはベトナムに初めて入国した日から連続する12ヵ月の期間のうちベトナムに滞在する期間が183日以上である者（入出国日はパスポートに記載される入出国印の日付に基づき確定される）

② 下記の各号のいずれかに該当する者（ただし，免除規定あり）

　(a) 居住法に規定される居住場所（外国人の場合，レジデンスカード等に記載された住所）を持っている者

　(b) 契約期間が183日以上の賃貸住宅等（自己賃借であるか，雇用主が従業員のために賃借するかを問わず，ホテル，宿泊所，オフィスなどの賃貸住居も含む）がある者

　居住者は，所得の源泉がベトナム国内外であるかを問わず全世界所得を課税対象として累進税率で課税されます。非居住者は，原則として，ベトナム国内を源泉とする所得が発生した場合に20％課税されます。

　個人所得税の課税対象には，事業所得，給与所得，現金以外の個人手当，フランチャイズ料，相続からの所得，投資所得，譲渡所得，ロイヤルティ所得などが挙げられます。

● 租税条約

　国際的に勤務する納税者について，ベトナムと他の国の租税条約に基づき二重課税を排除するため，一定の条件を満たすことで，暦年で183日を超えない場合の短期滞在者免税，外国税額控除などの適用を受けることができます。しかし，申告する際の添付資料などの手続について不明確な部分が多く，税務当局の回答も担当官により異なるため，適用する際には注意が必要です。

A：個人所得税の累進税率

(VND：ベトナムドン)

課税所得（月額）	税率
～ 500万 VND	5％
500万 VND ～ 1,000万 VND	10％
1,000万 VND ～ 1,800万 VND	15％
1,800万 VND ～ 3,200万 VND	20％
3,200万 VND ～ 5,200万 VND	25％
5,200万 VND ～ 8,000万 VND	30％
8,000万 VND ～	35％

B：所得から控除される項目

1	家族の状況に対する控除：基礎控除（900万 VND／月）および扶養控除（360万 VND／人／月）
2	強制される保険：社会保険・健康保険および雇用保険
3	寄付金：恵まれない子どもたち，障害者やホームレスの高齢者の世話をするための政府認定機関への寄付金

C：所得に加算される手当

1	海外旅行保険
2	健康診断費用
3	赴任手当，引越手当（赴任時の本人分は非課税）
4	休暇で帰国する際の航空券代（年1回本人分は非課税）
5	語学研修費用
6	ゴルフフィー，ゴルフ会員権代
7	子供の学費（インボイスが個人名義の場合）
8	電話代（インボイスが個人名義の場合）
9	会計事務所への申告書作成料

70 税務事情
～ベトナムの税務調査の特徴と罰則金

● 税務調査

ベトナムの税務調査は下記の2つの方法で行います。

① 通常の税務調査：毎年，税務調査対象企業の計画が立てられ行われる調査です。通常，3年から5年の周期で実施されます。

② 抜き打ち調査：企業が税務に関する規則を違反している可能性が高い場合，ならびに閉鎖時や株式会社化の実行時に，行われる調査です。

通常，企業における現場調査から調査結果発表までの調査期間は，企業の複雑性や現場調査の期間により，2～5ヵ月間を要します。

一方，現場調査（企業で行う調査）の期間は，最大で30営業日です。

● ベトナム税務調査に特有のもの

ベトナムでは税務当局により税務調査議事録が作成され，各調査項目の法令根拠，違反行為，違反レベル，処分案などを含んで記載されます。調査議事録は調査班と企業の前で発表し，両者で署名されなければなりません。そのため，企業は，各項目につき不明点があれば詳細説明を求めることができ，また，反対意見を述べる権利も有します。

そして，当該調査議事録内容に基づき，管轄の税務当局は最終的に判断して最終意見を出すことになります。追徴税額がある場合には，決定書を受領した後10日以内に納付しなければなりません。

さらに，以下のように罰金が高額であることが特徴の1つです。

- 加算金：追徴税額の20％（自己修正の場合は不要）
- 延滞税：追徴税額の0.05％／日（休日を含み納付締切日から実際納付日までを数えます）
- 脱税行為とみなされる場合の重加算税；追徴税額の100～300％

罰金については，悪質な場合最大300％，金利は年間に直すと約18％になります。調査対策としては，事前に誤りがあるとわかる部分につき早めに修正申告をして，罰金を減らすということも考えられます。

税務調査の流れ

① 税務調査通知書の発行
税務当局は発行後3営業日以内に対象企業に送付しなければなりません。記載内容は、法令根拠、調査対象企業、調査内容（範囲）、調査期間、調査班の職員名などを含みます。
② 企業にて税務調査通知書の発表
税務当局は税務調査決定後15日間以内に発表（宣誓）しなければなりません。
③ 企業にて税務調査を実施
調査班は調査内容に関するデータ・書類などの提出を要求し、その情報を調査します。企業が提供した情報が不十分である場合、文書の追加請求や企業との面談を要求することもあります。
④ 税務調査議事録を作成
税務調査議事録は各調査項目の法令根拠、違反行為、違反レベル、処分案などを含みます。調査議事録は調査班と企業の前で発表し、両者で署名されなければなりません。企業は各項目につき不明点があれば詳細説明を求めることもできます。また、調査班の意見に反対する場合は、その意見を議事録の企業意見欄に明記して表明する権利があります。
⑤ 税務調査まとめ
調査議事録内容に基づき、管轄の税務当局は最終的に判断して最終意見を出します。
⑥ 追加納税・遅延税等の決定
⑦ 追加納税等を納付
決定書を受領後、10日間以内に納付しなければなりません。

71 その他の税金
～日本では理解されにくい付加価値税と外国契約者税

● **付加価値税（VAT）**

付加価値税は，生産・流通・消費過程から発生した商品・サービスの付加価値に対する税金です。この税金は，消費者への間接税で日本の消費税と考え方は同様です。事業において一般的に適用される税率は10％です。付加価値税の計算方法は以下の2つあります。

① **控除方式（インボイス方式）**

売上VAT＝課税売上高×適用税率，納税額＝売上VAT－仕入VAT

販売等をした際に発行するタックスインボイスに記載した売上VATと購入などの際にタックスインボイスに記載された仕入VATを相殺して納税額を計算する方法です。日本の消費税の原則的な計算方式（仮受消費税－仮払消費税）と似ています。この場合，購入した商品・サービスの付加価値税は費用計上されません。

② **直接方式**

納税額＝商品・サービスの付加価値額×適用税率

付加価値額はサービス等の販売額から購入額を控除して算出されます。企業はこの税金の全額を納税し，購入した商品・サービスに対する付加価値税と相殺しません。この方式により，購入した商品・サービスの付加価値税は費用計上されます。

申告および納税期限は四半期申告の場合，締切は翌月30日，月次申告の場合，締切は翌月20日となります。

● **外国契約者税（VAT）**

外国契約者税は，外国企業または個人がベトナム企業または個人に対して実施したサービスに対して課税される税金です。日本の源泉所得税に似ていますが，付加価値税および法人所得税（または個人所得税）で構成されている点が特徴です。いくつかの外国契約者税の計算方法がありますが，売上から計算する直接方式が一般的です。

外国契約者税の税率一覧

内　　容	付加価値税(%)	法人所得税(%)	TOTAL(%)
サービスの提供を伴う物品の売買，内地引き渡し輸出	免税	1	1
サービス一般	5	5	10
資材または機械設備の供給を伴わない建設／据え付け	5	2	7
資材または機械設備の供給を伴う建設／据え付け	3	2	5
機械設備のリース	5	5	10
航空機および船舶のリース（航空機部品等を含む）	明記なし	2	2
運輸	3	2	5
利息	免税	5	5
ロイヤルティ	免税	10	10
再保険	免税	0.1	0.1
証券譲渡	免税	0.1	0.1
製造およびその他の事業活動	3	2	5

安全・安心な野菜生産の可能性

　ベトナムは農業国であったという歴史から，野菜を大切にしています。現在は健康的な生活を何より大切にしている風潮があるため，安心・安全な野菜が注目されています。

　安心・安全な野菜とは，農業専門家によると，本来の美味しさ・質を保ちながら農薬・化学肥料栽培等の有害物質および有害生物の量が許可量よりも少ない野菜のことです。富裕層だけではなく，中流階級の人々も安心・安全な野菜を購入するようになってきています。そのため，多くの投資家が次々と野菜生産分野に出資しはじめています。

　Dalat GAPはベトナムで適正農業規範（Global G.A.P）の標準を満たす，農業・農村開発省から「高技術農業企業」と認定された第一企業です。設立されてから15年が経ち，ハノイ，ホーチミン，ダナンなどの大都市はもちろん，日本市場にも出荷して，よく売れています。

　日本投資家代表であるニコニコやさいは，出荷先を外国ではなく，ベトナム市場に集中させています。社長の塩川氏は大学時代（当時21歳）のベトナム旅行をきっかけにベトナムの農業に興味を持ち，自らの貯蓄を出資金として野菜栽培を行う同社を設立しました。農園規模は5,000m^{2}で，毎日，野菜500kgを消費者に提供しています。

　上記2社は安心・安全な野菜生産分野で成功した事例ですが，失敗した投資家も多くいます。主な理由は，消費者に対してまだ安心・安全な野菜への信頼感がない，または平均価格に比べ高価などです。そのため，それらの障害を解決できるよう，生産者・投資家が他の投資家や農家，地方自治体と協力し，安全・安心な野菜への信頼感を作る必要があります。信頼感を生み出すことができれば，ベトナム人消費者はベトナムで栽培する安全・安心な野菜を購入するようになると考えられます。

第8章

ケーススタディ
──日本編

72 海外子会社設立費用の親会社における損金性

Q 日本法人である当社は，タイ子会社の設立を予定しています。設立にあたっては，事前調査費用，設立手続に要する費用，準備活動費用などの発生が見込まれますが，これらを親会社である当社が負担した場合，日本の税務上，損金算入は認められるでしょうか。

A 一般に，設立の是非を検討するための事前調査費用は，税務上，親会社の損金とすることが認められます。それに対し，定款認証費用や登記費用等の子会社の設立手続に要する費用や，子会社の事業開始のための準備活動費用については，原則として，親会社は損金算入できません。

解説 設立の是非を検討するための，市場調査，現地視察，法律・規制・設立方法・税制等の調査，損益見込み，立地検討，監督官庁との接触などに係る事前調査費用は，基本的に親会社自らの事業計画の策定や事業方針の決定の一環として行われるものです。よって，その法人グループを統合する親会社自身が負担すべきものと考えられますので，税務上，親会社の損金とすることが認められるでしょう。

それに対し，定款認証費用や登記費用などの子会社の設立手続に要する費用や，子会社の事業開始のための準備活動費用については，原則として，子会社が本来的に負担すべきものであり，親会社が負担した場合には，税務上，損金算入することはできません。

ただし，子会社の事業開始のための準備活動が，親会社にとっても新事業開始のための準備活動といえる場合は，子会社設立国の会社法や税法等の規定も考慮し，親子間で合理的に配賦します。その際，税務調査でその損金性を否認されるリスクを最小限に抑えるためには，支出した費用ごとに，配賦の合理性の根拠資料を文書化・保管することが必要です。なお，税務調査で損金性を否認された費用は，通常，日本の親会社から海外子会社への寄附金と認定され，全額が損金不算入となります。

海外子会社の設立関連費用と親会社における損金性

海外子会社の設立関連費用			
種　　類	事前調査費用	子会社の設立手続に要する費用	子会社の事業開始のための準備活動費用
具体例	・市場調査費用 ・現地視察費用 ・法律・規制・設立方法・税制等の調査費用 ・損益見込み，立地検討，監督官庁との接触などに係る事前調査費用	・定款認証費用 ・登記費用	・親会社社員出張費用 ①　株主の立場で ②　技術指導のため ③　生産・販売のサポートのため ④　各種管理業務のため
親会社と子会社のどちらが負担すべきか？	親会社自らの事業計画の策定や事業方針の決定の一環として行われるものであり，一般に親会社が負担すべき。	子会社が負担すべき。	上記で①は親会社が，②は子会社が負担すべき。③，④など負担関係が明確でない場合には，海外子会社が設立される国の会社法，税法等の規定を考慮し，ケース・バイ・ケースで詳細に検討する。
親会社は日本の税務上，損金算入できるか？	損金算入可	損金算入不可（税務調査で寄付金認定される可能性あり）	子会社が負担すべきものを親会社が負担した場合，損金算入不可（税務調査で寄付金認定される可能性あり）

73 海外子会社に対する貸付金の金利

Q 当社は，数年前にA国に製造子会社を出資比率100％で設立しました。その際に，設備投資資金として，貸付期間5年，金利1.5％の条件でドル建ての貸付けを行っています。このたび，税務調査で金利の設定が低いと指摘を受けました。金利の設定にあたっては，当社が金融機関から円建てで借り入れている条件と同様の条件で設定していました。税務調査官の指摘は正しいのでしょうか。なお，当社は上記の借入れ以外に金融機関からの借入れはありません。

A 調査官の指摘どおり，貸付けをドル建てで行っている場合には，ドルベースでの金利の設定をする必要があります。

解説 国外関連者との取引においては，移転価格税制上，独立企業間価格で取引を行う必要があります。ご質問の取引は，国外関連者との金銭の貸付取引に該当しますので，金利の設定にあたっては，独立企業間価格の算定方法に基づいて，最も適切な方法を選定することになります。

独立企業間価格の選定にあたっては，国外関連取引と比較可能な非関連者との取引を検討します。収集できる情報に基づいて，貸付通貨，貸付期間，貸付金利，返済条件等を比較して，比較可能な非関連者との取引を見出すことができるか検討します。比較可能な取引が見出せない場合には，市場価格等の客観的かつ現実的な指標を入手できる場合には，そのような取引を比較対象取引として独立企業間価格を選定することになります。

金銭の貸付け等を業としない法人の場合には，右図表Bのような方法を検討することになります。例えば，国外関連者と比較可能な非関連者との取引が見出せない場合に，貸手や貸手の主要取引銀行からスプレッド情報が入手可能であれば，基本3法に準ずる方法と同等の方法として，「スプレッド＋金利スワップレート」により算定することも1つの方法になります。

A：取引関係図

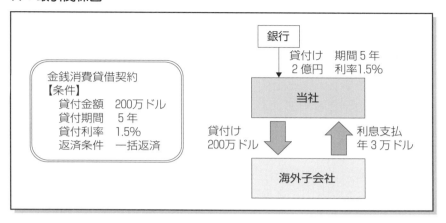

B：独立企業間価格算定方法の検討

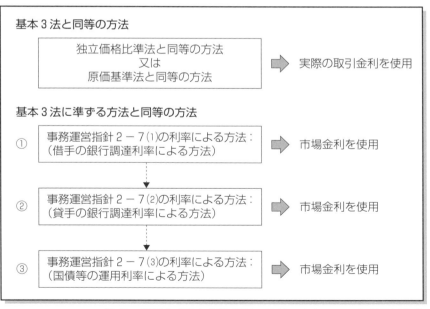

（出典：国税庁「移転価格税制の適用に当たっての参考事例集」）

74 海外子会社からのロイヤルティの収受

Q 当社は，研究開発活動の成果による独自技術等を利用して，プラスチック製品の製造販売を行っている会社です。5年前に得意先企業のB国進出を機に，当社もB国に製造子会社を設立して，得意先の現地工場に製品の販売をしています。現在は，原材料の調達から製品の製造，および販売まですべて現地で完結できるようになっており，当社と子会社の間で棚卸資産の売買や役務の提供は行っていません。このように子会社が独立して事業活動を行っている場合でも，当社はロイヤルティを収受する必要があるでしょうか。

A 製品に関する技術や製造ノウハウ等に対するロイヤルティを収受する必要があります。

解説 移転価格税制においては，国外関連者と行う無形資産取引についても，当然ながら対象取引となります。無形資産には，著作権，特許権，商標権はもちろん，経営，営業，研究開発，販売促進等の企業活動における経験等を通じて形成されたノウハウ等や販売に係る取引網等も含まれます。海外に製造子会社を有する場合には，それらが重要な価値を有し，国外関連者の所得の源泉になっているかを総合的に検討する必要があります。ご質問の場合，海外子会社は独立して製造から販売までを行っていますが，製品に関する研究開発機能は親会社が有しています。また，子会社が行っている製品の製造は，親会社が独自に開発した技術や製造ノウハウ等を利用して行っていると見受けられますので，無形資産の使用が認められます。したがって，親会社はそれらの技術やノウハウ等に対するロイヤルティを収受する必要があります。なお，無形資産の使用が認められる場合において，当事者間での取り決めがないときには，譲渡等があった場合を除き，使用許諾があるものとして独立企業間価格の算定を行うことになります。

取引関係図

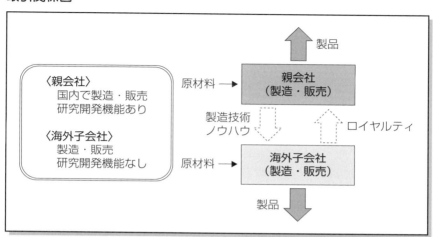

75 海外子会社からの配当金

Q 弊社は，海外に100％子会社を有しています。毎期，海外子会社から配当金を受け取っていますが，平成27年度税制改正により，益金不算入となる剰余金の配当等の範囲が変更になったと聞きました。具体的にどのように変更になったのでしょうか。

A 海外子会社の本店所在地国の法令で損金算入が認められている剰余金の配当等については，日本で益金算入となる改正が行われました。

解説 外国子会社受取配当金益金不算入制度では，内国法人が外国子会社から受け取る剰余金の配当等については，剰余金の配当等の95％相当額が益金不算入とされ，二重課税を排除する仕組みとなっています。ところが，一部の国においては，剰余金の配当等がその国の所得の計算上，損金算入されるものがあり，日本で益金不算入されることにより，結果としてどの国においても課税されないこととなっていました。

平成27年度税制改正では，そのような状況を是正するために，内国法人が剰余金の配当等を受け取った場合に，その剰余金の配当等の全部または一部が外国子会社の本店所在地国の法令において，外国子会社の所得の金額の計算上損金に算入することとされている場合には，その剰余金の配当等の金額のうち，損金の額に算入された部分の金額については，本制度の適用対象から除外することとなりました。本制度の適用対象外となったそれらの剰余金の配当等の支払の際に控除された外国法人税については，外国税額控除の適用が可能です。ただし，損金算入する場合には，外国税額控除の適用はありません。

適用時期については，平成28年4月1日以降に開始する事業年度において内国法人が外国子会社から受け取る剰余金の配当等について適用されることになります。ただし，平成28年4月1日から平成30年3月31日までの間に開始する各事業年度において内国法人が外国子会社から受ける配当等

改正のイメージ

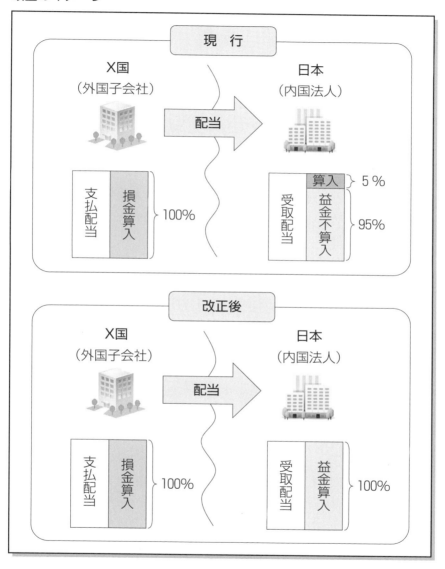

の額については，平成28年4月1日において有する外国子会社の株式等に係るものに限り，従前どおりの取扱いとする経過措置が設けられています。

76 海外子会社に対する援助

Q 当社は，長年，日本で自動車関連部品の製造販売を行っている会社です。このたび，海外に製造子会社を設立し，現地にある日系企業の工場に直接製品を販売することになりました。子会社の立上げにあたり，当社から従業員が出張して開業のための支援を行っています。それらの支援における費用については，出張旅費と宿泊費等の実費を子会社に請求することを予定していますが，税務上，問題ないでしょうか。

A 出張旅費や宿泊費などの実費だけでなく，役務提供の対価を請求する必要があります。

解説 法人が海外子会社を設立した際には，立上げ当初に親会社からさまざまな部署の従業員が支援を行うことがあります。それらの支援の内容について，親会社の支援がなければ自ら行うべきものであり，非関連者から提供された場合には対価を支払うような内容である場合には，役務提供取引に該当するため，独立企業間価格により対価を請求する必要があります。ご質問の場合には，役務提供取引に該当する部分が含まれるものと思われますので，独立企業価格により対価を請求する必要があります。独立企業間価格の算定にあたっては，最も適切な方法を選定することになりますが，親会社が役務提供を本来の事業とするものでなく，本来の業務に付随して行われる役務提供である場合には，原価基準法に準ずる方法と同等の方法を検討することになります（右図表A参照）。

また，これらの支援とは別にグループ内に支援する部署を設けて行う支援についても，グループ内役務提供取引として対価を請求する必要があります（対象となる役務提供取引は右図表Bを参照）。

なお，親会社が株主としての法令上の権利の行使または義務の履行に係る活動であると認められる場合には，それらに係る支援は対価を請求する必要はありません。

A:総原価を独立企業間価格とする方法

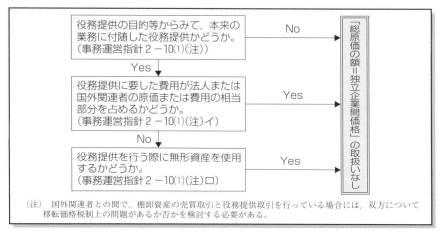

(注) 国外関連者との間で、棚卸資産の売買取引と役務提供取引を行っている場合には、双方について移転価格税制上の問題があるか否かを検討する必要がある。

(出典:国税庁「移転価格税制の適用に当たっての参考事例集」)

B:グループ内役務提供取引

事務運営指針2-10(2)の取扱いに係る要件等

要件	業務内容	具体的な業務の例示または留意事項等
イ 役務の内容が次に掲げる業務のいずれかに該当すること。	(イ)予算の作成または管理	・国外関連者の年間予算、事業計画等の作成に必要な資料のとりまとめ ・国外関連者の年間予算の執行状況等のチェック
	(ロ)会計、税務または法務	・国外関連者の財務諸表の作成に必要な会計記録等のチェック ・国外関連者の税務申告書の作成 ・報告書の提出、許認可等に係る法令の規定に対する国外関連者の遵守状況のチェック
	(ハ)債権の管理または回収	・国外関連者の売掛残高の管理 ・国外関連者が発行する請求書の作成 ・国外関連者の売掛金に係る回収業務 ・国外関連者の顧客に対する支払の督促 ・国外関連者の顧客に係る信用情報等の収集および分析
	(ニ)情報通信システムの運用、保守または管理	・国外関連者の情報通信システムの運用に係る技術的な問題、質問等への対応 ・国外関連者の情報通信システムの維持・点検等
	(ホ)キャッシュフローまたは支払能力の管理	・国外関連者の資金繰りの管理 ・国外関連者の買掛残高の管理 ・国外関連者の買掛金に係る支払業務
	(ヘ)資金の運用または調達(業務処理上の手続に限る)	・国外関連者の銀行口座等の管理
	(ト)従業員の雇用、配置または教育	・国外関連者の求人活動に係る広告の制作 ・国外関連者の従業員の採用、配置等に係る人事関連業務 ・国外関連者の新規採用計画の作成・実施、新規採用者等に対する研修(研修計画の作成・実施を含む)等
	(チ)従業員の給与、保険等に関する事務	・国外関連者の従業員の給与に係る計算、支給および帳簿記入(従業員の健康保険や年金等に係る事務処理を含む)
	(リ)広告宣伝(2-9(1)リに掲げるマーケティングに係る支援を除く)	・国外関連者のホームページの制作
	(ヌ)その他一般事務管理	・国外関連者が取り扱う各種データの入力作業 ・国外関連者が取り扱う文書・電子情報の整理および備品等の管理

(出典:国税庁「移転価格税制の適用に当たっての参考事例集」)

77 外国法人が支給する役員賞与の課税

Q 私は日本法人の代表取締役社長です。また，インドネシアにある子会社の役員でもあります。このたびその子会社から賞与の支給を受けましたが，その賞与は日本で申告する必要はあるのでしょうか。なお，その賞与については，インドネシアにおいて源泉徴収されています。

A 国外払の賞与は，国内払の給与所得と合算のうえ，翌年3月15日までに所得税の確定申告をする必要があります。その際，源泉徴収された外国所得税について外国税額控除の適用を受けることができます。

解説 日本の居住者に該当する場合には，全世界所得が所得税の課税対象とされますので，国外払の賞与を含めた所得を確定申告する必要があります。なお，国外払の賞与につき外国所得税を納付することになったときは，日本と外国の間の二重課税を調整するため，確定申告の際に外国税額控除の適用を受けることができます。

外国税額控除は，居住者の国外所得につき課される日本の所得税相当額を限度として，その控除限度額の範囲内で納付した外国所得税額を控除するというものです。控除限度額は右図表Bのとおり計算されますが，海外勤務日数がない場合，国外払役員賞与につき国外源泉所得が生じないことにより控除限度額が発生せず，外国税額控除の適用ができないことになってしまいます。

しかし，租税条約の定めにより外国で課税される国外払役員賞与については，海外勤務日数の有無に関係なく，外国税額控除の適用上国外源泉所得とみなされるため控除限度額が発生し，外国税額控除の適用を受けられることになります。なお，日本と租税条約を締結していない国に所在する法人から役員報酬の支給を受けた場合には，海外勤務日数によっては外国税額控除が適用できない場合があるので注意が必要です。

Ａ：海外子会社の役員報酬にかかる外国税額控除適用上の所得源泉

(1) 海外子会社の所在地国との間で租税条約が締結されていない場合

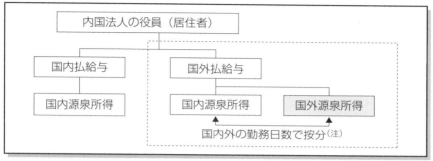

(注) 国外払給与に関する国外源泉所得
① 国内源泉所得 ＝ 国外払給与の総額 × $\dfrac{国内において行った勤務期間}{その総額の計算の基礎となった期間}$
② 国外源泉所得 ＝ 国外払給与の総額 － 国内源泉所得

(2) 海外子会社の所在地国との間で租税条約が締結されている場合
（役員報酬について法人所在地国課税が定められている場合）

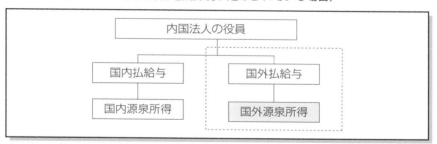

Ｂ：給与所得に関する外国税額控除の控除限度額の計算

① 国外所得金額

国外所得金額 ＝ ($\underbrace{給与収入総額 － 給与所得控除額}_{給与所得総額}$) × $\dfrac{国外源泉所得}{給与収入総額}$

② 控除限度額

控除限度額 ＝ その年の所得税額 × $\dfrac{国外所得金額}{給与所得総額}$

78 海外勤務期間中の不動産所得の確定申告

Q 私は、日本法人の従業員です。このたび日本法人から3年間の予定で海外にある子会社に出向を命じられました。なお、最近、都内にマンションを購入し住んでいますが、海外出向期間中は、日本法人の社宅として賃貸しようと考えています。日本法人から受け取る家賃について、日本で確定申告する必要があるのでしょうか？

A 日本法人が、非居住者に対して家賃を支払う場合には、その支払の際、所得税を源泉徴収し納付しなければなりません。一方、家賃を受け取る個人は、翌年3月15日までに、原則として、所得税の確定申告を行う必要があります。非居住者が日本で確定申告する場合には、「所得税の納税管理人の届出書」を所轄税務署長に提出し、納税管理人が、その非居住者に代わり申告納税をすることになります。

解説 個人が1年以上の予定で海外勤務のため出国した場合、その海外勤務期間中は、非居住者に該当し、日本では国内源泉所得のみ課税されます。国内にあるマンションの貸付けによる対価は国内源泉所得に該当するため所得税の課税対象となります。

また、日本法人が非居住者に支払う社宅家賃は、所得税法施行令第328条で定める「源泉徴収を要しない国内源泉所得」に該当しないため、日本法人は、その支払の際に所得税を源泉徴収する必要があります。

非居住者は、その年分の家賃収入から必要経費を差し引いた金額を不動産所得として、翌年3月15日までに確定申告することにより源泉徴収された所得税額の精算を行います。確定申告をする必要がある場合には、納税管理人を定めて、その納税管理人が非居住者に代わり確定申告書の提出や税金の納付などを行うことになります。

なお、非居住者も、居住者と同様、青色申告の承認申請をして青色申告特別控除などの特典を享受することができます。

A：非居住者が有する国内不動産にかかる賃貸料の源泉徴収と課税方式

借主（支払者）	個人	個人	法人
不動産の用途	自己またはその親族の居住用	自己またはその親族の居住用以外	用途不問
源泉徴収	不要	要	要
課税方式	総合課税		

（注）「自己またはその親族の居住用」とは，不動産をもっぱら自己またはその親族の居住の用に供していることをいいます。したがって，不動産を居住の用と事業の用または貸付けの用とに併用している場合には，「自己またはその親族の居住用以外」として扱われ，賃貸料の総額について源泉徴収が必要です（所基通178－2・212－2）。

B：リロケーション会社からの転貸の場合の源泉徴収

非居住者がリロケーション会社と賃貸借契約を締結した場合において，そのリロケーション会社から転貸で非居住者の留守宅を借りるようなときは，借主である個人は，その不動産の用途を問わず，源泉徴収義務はありません。

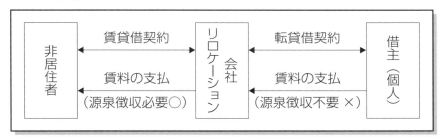

C：年の中途で出国した場合の確定申告

年の中途で出国をし非居住者となった年分については，その年の1月1日から出国の日までの間に生じたすべての所得と，出国の日の翌日からその年の12月31日までの間に生じた不動産所得（国内源泉所得）を合計して確定申告する必要があります。

79 海外勤務者に支給する退職金の課税

Q 私は日本法人の従業員ですが，数年前からタイにある子会社に出向しています。このたび出向期間中に定年を迎え，日本法人から退職金が支給されますが，退職金はどのように課税されるのでしょうか。なお，退職金の額は海外出向期間中の勤務期間も考慮して決定されます。

A 日本法人は，非居住者に対して退職金を支払う場合には，その支払の際，国内源泉所得に相当する金額について所得税の源泉徴収をする必要があります。なお，「退職所得の選択課税」という制度を利用して計算した税額が，先に源泉徴収された税額に満たないときは，日本において確定申告をすることによりその差額分の還付を受けられます。

解説 日本法人の従業員の場合，退職金の課税関係は，その者の退職の日で判断します。ご質問の場合，退職の日において非居住者に該当するので，国内源泉所得のみが課税対象となります。したがって，日本法人は，その支払の際，退職金の支給総額のうち国内源泉所得について20.42％の税率により源泉徴収をしなければなりません。

非居住者に支払う退職金にかかる源泉徴収税額の計算の際，居住者に認められている退職所得控除や退職所得の2分の1課税の適用はありません。その結果，居住者として退職金の支払を受ける場合に比して，その源泉徴収時の税負担が重くなることがあります。そこで，非居住者と居住者の間の税負担の違いを調整するため，「退職所得の選択課税」制度を設け，確定申告をすることを条件に，居住者と同様の税額計算を行うことが認められています。

「退職所得の選択課税」制度は，通常，この制度の適用を受けた場合に算定される税額が非居住者としての源泉徴収税額よりも少ないときに，その差額分の還付を受けるために利用されますが，この制度を利用するか否かについては，あくまでも納税者個人の任意となります。

A：退職金の国内源泉所得の計算

非居住者に支払う退職金にかかる国内源泉所得の金額は，次の算式により計算します。

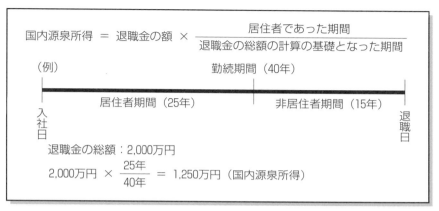

B：退職金に対する源泉徴収税額

非居住者に支払う退職金にかかる源泉徴収税額は，次の算式により計算します。

```
源泉徴収税額 ＝ 国内源泉所得 × 20.42%
 (例)  退職金の総額：  2,000万円
       国内源泉所得：  1,250万円
         1,250万円 × 20.42% ＝ 255.25万円
```

C：退職所得の選択課税を利用する場合のポイント

① 退職金の支払を受けた翌年1月1日（または退職手当等の総額が確定した日）以後に，税務署長に対して所得税の確定申告書を提出し，すでに源泉徴収された税額の全部または一部の還付を受けます。
② 非居住者が日本において確定申告をする時は，原則として，納税管理人を選任して，その納税管理人を通じて申告します。
③ 「退職所得の選択課税」により税額計算する際は，次の点を注意する必要があります。
　(a) 扶養控除，配偶者控除，基礎控除等の所得控除は適用できないこと
　(b) 税額計算の対象となる金額は国内源泉所得部分ではなく，退職金の総額が対象となること

80 海外勤務者の日本への短期出張と源泉徴収

Q 私は日本法人の従業員ですが，昨年からフィリピンにある子会社に3年間の予定で出向しています。出向期間中は，1年に数回，日本法人へ短期出張のため帰国しています。その出張による滞在日数の合計は，年間1ヵ月程度ですが，日本で課税関係が生じるのでしょうか。なお，私の給与は，子会社の給与規定に従ってフィリピンで支払われていますが，日本法人からも較差補塡金としての給与の支払を受けています。

A 日本法人から支給される較差補塡金のうち，日本へ短期出張期間に対応する部分は国内源泉所得に該当するため，日本法人は，その支払の際，20.42％の税率により源泉徴収する必要があります。なお，フィリピンの子会社が支給する給与については，日比租税条約の短期滞在者免税規定に基づき，日本では課税されません。

解説 個人が1年以上勤務の予定で海外に出国すると，その海外滞在期間中は，日本の非居住者として扱われます。非居住者は，日本では国内源泉所得について課税されますが，給与所得については，そのうち「国内において行う勤務」に対応する部分が国内源泉所得となります。

　海外勤務者が，海外滞在期間中に日本に短期出張し国内で勤務するような場合には，国内払給与ならびに国外払給与について国内源泉所得が生ずることになります。その場合，日本法人は，国内払給与の支払の際，国内源泉所得に該当する金額について所得税を源泉徴収する必要があります。一方，海外子会社の国外払給与については，原則として，翌年3月15日までに国内源泉所得に該当する金額につき非居住者の準確定申告書を提出する必要があります。ただし，日比租税条約の短期滞在者免税規定の要件に該当する場合には，国外払給与は免税となり準確定申告書の提出は要しません。なお，国内払給与については，短期滞在者免税規定の適用はありません。

A：日比租税条約の短期滞在者免税規定

海外勤務者が日本に短期出張した場合において，次の要件のすべてを満たすときは，日本では免税となります。

① 海外勤務者が当該年を通じて合計183日を超えない期間日本国内に滞在すること
② 給与所得が日本の居住者でない雇用主またはこれに代わる者から支払われること
③ 給与所得が日本国内に雇用主の有する恒久的施設または固定的施設によって負担されるものでないこと

B：非居住者の国内短期出張にかかる国内払給与と国外払給与の課税

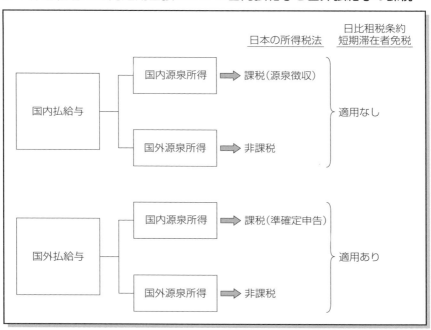

81 海外勤務者と個人住民税の課税

Q 私は，日本法人の従業員です。このたび，3年間の予定でインドネシアにある子会社に出向するよう命じられました。出国日次第では住民税を納めなくてもよくなると聞いていますが，本当でしょうか？

A 居住者が12月31日までに出国し非居住者となる場合には，原則として，その出国日の属する年の翌年の住民税は課税されません。

解説 個人の住民税では，前年の所得に対して課税する前年所得課税主義が採用されているため，海外勤務などのため出国することにより日本に住所を有しなくなる場合，その出国の日の属する年の翌年は，原則として，住民税の納税義務はありません。日本に住所を有しているか否かは，税法上，市区町村への住民登録の有無だけで判断されることはなく，その出国後に予定される海外滞在期間，出国目的，海外滞在期間中の居住の状況，生計を一にする家族の状況等により実質的に判断すべきこととされ，一般的には，所得税の考え方と同じです。したがって，住民税の賦課期日である1月1日現在において所得税法上の非居住者に該当する場合は，原則として，住民税が課税されないことになります。

例えば年末に近い時期に1年以上の予定で海外勤務が決まった場合には，その年の12月31日までに出国すれば翌年1月1日現在は非居住者に該当し，出国年分の所得に係る住民税の負担を免れることになります。住民税の負担を免れる目的だけで出国日の決定をする必要はないと思いますが，出国日のわずかな違いで住民税の負担をしなくてもよいとなれば一考の余地はあるといえます。

なお，個人の住民税は，所得に比例して課される所得割と一律に課される均等割からなります。非居住者が住民税の賦課期日現在において日本に事務所，事業所または家屋敷を有している場合には，所得割は課税されませんが，均等割だけは課税されるので注意が必要です。

海外勤務者に対する個人住民税の課税

(1) 1年以上の海外勤務の予定で出国した場合

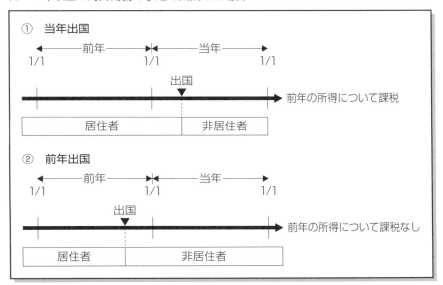

(2) 1年未満の海外勤務の予定で出国した場合

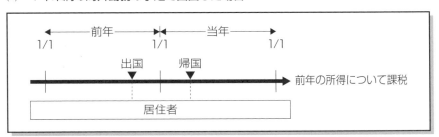

(注) 住民税における海外勤務者の住所の有無の認定は，原則として，所得税の取扱いと一致することになります。

BEPSプロジェクトとは？

　BEPS（Base Erosion and Profit Shifting：税源浸食と所得移転）とは，国際的な税制の隙間や抜け穴を不当に利用した租税回避戦略をいいます。OECD（経済協力開発機構）の租税委員会はこれに対抗し，国際協調のもと，戦略的かつ分野横断的に問題解決を図るため，2012年6月にBEPSプロジェクトを立ち上げました。

　これまで国際課税問題は，基本的に2ヵ国間の租税条約で国家間の租税の配分が調整されてきました。同BEPSプロジェクトが達成されれば，国際課税問題を包括的に連携して解決する方法を提示する画期的なものであると評価できます。

　同委員会は，2013年7月に「BEPS行動計画」を公表しました。同行動計画では，①電子商取引課税，②ハイブリッド・ミスマッチ取決めの効果否認，③外国子会社合算税制の強化，④利子等の損金算入を通じた税源浸食の制限，⑤有害税制への対抗，⑥租税条約乱用の防止，⑦恒久的施設（PE）認定の人為的回避の防止，⑧移転価格税制（無形資産），⑨移転価格税制（リスクと資本），⑩移転価格税制（他の租税回避の可能性が高い取引），⑪BEPSの規模や経済的効果の指標を政府からOECDに集約し，分析する方法を策定する，⑫タックス・プランニングの報告義務，⑬移転価格関連の文書化の再検討，⑭相互協議の効果的実施，⑮多国間協定の開発，の15項目が設けられています。

　2015年10月5日，BEPSプロジェクトに係る最終レポートが公表されました。同レポートにおける勧告の中には，国際税務や租税条約にドラスティックな変革をもたらす可能性があるものが含まれています。

　ただし，同プロジェクトの勧告は，国際規範ではあるものの法的拘束力はありません。したがって，各国が当該勧告に従い実際に国内税法の整備を行うかどうかが，同プロジェクト成功の鍵ともいえます。日本では，平成28年税制改正以降に適用が検討されていくものと予想されます。今後の日本，および，各国の国内税法改正の動きが注目されます。

第9章

ケーススタディ
──ASEAN 4ヵ国編

82 インドネシアとの租税条約適用に際して留意すべき点

Q 弊社はインドネシアに現地法人を有している日本企業です。操業以来順調に業績を伸ばし今期累損が一掃し配当できる段階になりました。配当金の支払に際してインドネシアに特有の制度など留意すべき事項を教えてください。

A 会社法の規定により払込資本金の20%までは利益準備金を積み立てることになっていますので、まずこれを実施し、その後配当を実施する段取りになります。株主に対する配当金の支払については、インドネシアは比較的自由で、配当原資がある限り金額について制限はありません。源泉税は所得税法第26条に照らすと20%になりますが、日本に支払う場合は租税条約の適用を受けることで10%に軽減されます。ただし、インドネシアの特有な制度として居住者証明書を備えておくことが必要となります。

解説 租税条約の適用は自動的に受けられるのではなく、適用のためには居住者証明書（Certificate of Domicile, "CoD"）が必要となります。居住者証明書はForm DGT 1（Form 1）とForm DGT 2（Form 2）の2種類の所定の書式があります。通常の事業会社はForm 1を利用します。これは2頁で構成され、それぞれの必要事項を記入したうえで1頁目は対価を受け取る側の企業の管轄税務署から捺印を取り付け、2頁目は対価を受け取る側の企業の権限者が署名捺印します。1頁目は1年間有効で何回でも使えますが、2頁目は取引ごとに作成します。オリジナルはインドネシア側の企業が保管し、税務調査時など必要に応じて提出します。月次の申告書には1頁目と2頁目の双方のコピーを取引が発生した月の税務申告書に添付して提出します。実務上、期末に慌てて取り付けようとするケースが見られますが、税務上は事後的に取ったものでは租税条約の適用は受けられません（取得のタイミングは明確に規定されていません）。適用を受けようとする取引を申告する前までには取り付けておくことが必要です。

Form DGT1 の主な記載事項
＜1頁目＞

Part Ⅰ の記載事項
INCOME RECEIPIENT（対価の受取人の情報）：納税者番号，名称，所在地
INDONESIA WITHHOLDING AGENT（インドネシアの源泉徴収義務者の情報）：納税者番号，名称，所在地

Part Ⅱ の記載事項
DECLARATION BY THE INCOME RECEIPIENT（対価の受取人による宣言）：受取人署名，日付，役職，電話番号

Part Ⅲ の記載事項
CERTIFICATION BY COMPETENT AUTHORITY OR AUTHORIZED TAX OFFICE OF THE COUNTRY OF RESIDENCE（居住国の税務当局による認証）：税務当局記載および税務当局の印

＜2頁目＞

Part Ⅳ の記載事項
TO BE COMPLETED IF THE INCOME RECEIPIENT IS AN INDIVIDUAL（対価の受取人が個人の場合に記載）：受取人氏名，生年月日，住所，居住地国など

Part Ⅴ の記載事項
TO BE COMPLETED IF THE INCOME RECEIPIENT IS NON INDIVIDUAL（対価の受取人が個人でない場合に記載）：法人設立国・登録国，法人の管理をしている国，本店所在地，インドネシア国内の支店等の所在地，事業の種類など

Part Ⅵ の記載事項
INCOME EARNED FROM INDONESIA IN RESPECT TO WHICH RELIEF IS CLAIMED（インドネシアで獲得した対価で税の減免の対象となるもの）：対価の種類，インドネシアの法律で源泉徴収の対象となる金額，契約期間

83 インドネシアの付加価値税の特徴と留意点

Q 弊社は年間売上が2,000～3,000万円程度しかないのですが，インドネシアの付加価値税（VAT）に関する実務が煩雑と聞いています。簡略化することはできないでしょうか？

A VATの対応が求められるのは年間売上が48億ルピア（約4,000万円）を超過する会社となっていますので，貴社はVAT課税会社でないことを選択することができます。しかしながら，請求されたVAT（10％）は支払わなければならず，これがコストになるため事務処理が簡素化されることはいいことばかりではないといえます。

解説 年間売上が48億ルピアを超える会社は付加価値税（VAT）課税会社としてPKPを登録しなければなりません。VATは2015年7月からe-faktur pajakという電子化された制度に変更され，税務当局がオンラインで取引データをシステムで管理する方法に変更されました。VATは従来どおりインボイス（Faktur Pajak）によって支払および受取りの認識が行われますが，システム上認証が行われて税務当局が発行することになります。月次で仮払VAT（Input VAT）および仮受VAT（Output VAT）として申告し，毎月の取引総額で仮払のほうが多ければ超過した金額は還付ないしは翌月に持ち越し，仮受のほうが多ければ超過した金額を納付します。VATの申告は取引が発生した翌月末までに従来どおりマニュアルで納税および税務申告をします。売上が認識された企業がPKPを保有している場合はあらかじめ税務当局からシリアル番号を入手しシステムに入力することが必要です。また，VATの還付には税務調査が実施されますが，還付が思ったほどされなかったという話をよく耳にします。VATの還付申請にあたっては，還付の確率を高めるために事前に準備が必要になります。そのポイントを右図表Bにまとめておきますのでご参照ください。

A：VATの実務上のポイント

①	VATはインボイス方式のため課税される取引は必ずFaktur Pajak（VATインボイス）が発行される。
②	月次でInput VAT（仮払VAT）とOutput VAT（仮受VAT）をまとめて申告する。
③	納税および申告期限は取引が発生した翌月末日まで。

B：VAT還付のポイント

①	Faktur Pajakの記載の完全性が重要だが，システム化されることでシステムが検証するため，確認作業は不要になるはず。
②	還付対象になるVATが法令に照らして還付される要件を満たしたものであるか？（例：現物支給に相当するアパートなどの支払に際して発生したVATは還付対象にはならない。商業生産開始までに支払ったVATで資本財以外に支払ったものは還付対象にはならない）
③	支払ったVATがその受取側企業により適切に申告されているかについても，システム上これが申告されているか確認できることになった。
④	総勘定元帳など関係帳票とVATの月次申告（SPT Masa）の金額が正しく整合性がとれたものとなっているか？
⑤	VATの還付金が戻ってくるまでに1年以上かかる。システム化されたため早期還付されることに期待。

84 インドネシア会社の株式譲渡に課される税金

Q 弊社は日本企業でインドネシアに子会社を保有しています。その株式を今回第三者に譲渡することにしました。それに際して税務上留意点などあればお聞かせください。

A 海外の会社がインドネシアの会社の株式を保有していて、その株式を第三者に譲渡する場合は、原則的にその譲渡価格の5％をファイナルタックス（分離課税）として納税することが必要です。なお、日本インドネシア租税条約の適用を受けることで課税が免除されます。

解説 日本の親会社がその株式を譲渡するとすれば、その保有株式を譲渡する側の国で課税がされることは一般的です。しかしながらインドネシアでは、さらに海外の会社がインドネシアの会社の株式を保有していて、この株式を譲渡する場合には譲渡価格の5％を譲渡課税として納税することが必要になります。株式譲渡が生じた場合、譲渡対象会社がその譲渡取引が発生した日が属する月の申告期限までに納税および税務申告する義務を負っています。また、株式譲渡の事実は税務申告書に監査済みの決算書の添付が必要ですので、これにより当局に知られることになります。

これについて多くの国との間で締結している租税条約では、この規定適用の免除規定があります。譲渡側企業が日本企業の場合には租税条約に免除規定があり、日本の企業が国内外を問わず他の企業に株式を譲渡する際は5％の課税は免除されます。租税条約の適用のための要件としてCoD（82項参照）が必要になるのは先のとおりです。しかしながら、ASEAN諸国の中で、シンガポールは租税条約では当該課税の免除規定はありませんので、当該課税の免税はされないことにご注意ください。

インドネシア会社の株式の譲渡と課税関係

　原則的に5％の分離課税（ファイナルタックス課税）。しかしながらCoDを具備することで5％は免除。

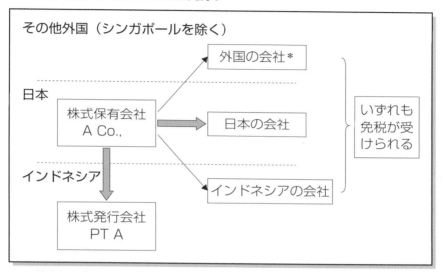

＊　株式保有会社がシンガポールに所在している場合は、シンガポールインドネシア租税条約上では免税規定がないため、CoDをとっても免税を受けることができません。

85 タイにおける過年度の法人税申告修正

Q 日本の税務当局による親会社の税務調査により，タイ子会社に対する人件費負担やロイヤルティ請求不足を指摘され，当該対価をタイ子会社に請求するよう指導されました。しかしながら，当該請求の役務提供対象期間はすでに前期であり，かつ前期の決算も終了していることから，税務調整により法人税修正申告（PND50）のみで対応しようと考えています。問題はないでしょうか。

A 修正申告を行うと税務調査の対象となりますので，その点を認識のうえ，手続を進めましょう。

解説 過年度の決算修正をすることも考えられますが，タイにおいては，決算に際して必ず公認会計士の監査を受け，彼らが財務諸表を作成する実務となっているため，一度公認会計士が適正意見を出した財務諸表について，彼らが会社からの修正依頼に応じることはほとんどありません。

一方で，過年度の法人税修正申告を行わずに，進行年度の経費処理とすることも考えられますが，役務提供の帰属期間が異なるため，損金とはされません。したがって，修正申告となるわけですが，修正申告を行うと必然，税務調査の対象となります。修正申告の内容は税務ポジションによって，法人税の還付請求となる場合，繰越欠損金の増加となる場合が考えられますが，いずれの場合にも税務調査を受け，契約書の中身や役務提供の実態の説明を求められることになります。

海外子会社を設立した場合には，親会社側が早い段階で子会社との支援関連の契約書を準備することが重要といえます。

過年度の法人税修正申告

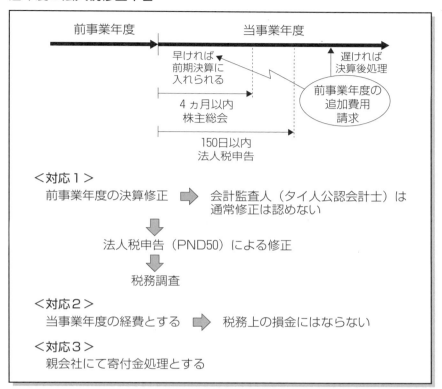

86 日タイ租税条約の使用料条項の拡大解釈

Q 日本の親会社から設備ラインの保守点検や修理費の請求を受け支払いましたが、タイの税務調査官から源泉所得税の課税対象であると指摘されました。租税条約の解釈から対象外と考えていたので納得できません。

A 税務調査の現場では、タイ国内法の解釈を優先、かつ、租税条約の使用料の定義を拡大解釈する傾向にあります。金額が大きく継続的に生じる場合、タックス・ルーリングの申請を検討してもよいと考えます。

解説 海外に子会社を設置した後、特に製造業においては親会社の支援にて設備の導入、ラインの設置、人材教育、試作開始、そして量産が開始され、そこでは親会社の技術が至るところで使われます。また、非製造業においてもマネジメントに係る管理技術が人やソフトウェアを通じて導入されることがあります。これらの支援を日本からタイの子会社に請求した場合に税法上問題となるのが、タイ側での源泉所得税課税の有無です。

タイでもタイ内国歳入法第3条(2)および勅令第18条において国際間の二重課税の調整を租税条約に基づき行う旨が明記されているため、内国歳入法を勘案したうえで租税条約に従うことになります。租税条約の「使用料」条項では「著作権等や産業上等の経験に対する情報の対価」が使用料として定義されている一方で、外国法人がタイから取得する所得について納税義務を定めた内国歳入法第70条では、租税条約の使用料の定義のみならず、人的役務提供の対価も含まれています。

この相違により、タイ人経理担当も税務当局と事を荒立てないために厳密な解釈をせず、保守的に源泉所得税を徴収することもあります。

課税された場合、日本の親会社の外国税額控除上の論点となるため慎重に判断し、場合によりタックス・ルーリング申請を検討してもよいと考えます。なお、使用料については、タイと各国との租税条約ではその

使用料に関する規定

タイ内国歳入法第70条

国外の法律により設立された法人で，タイ国内において事業を営んでいないものが，

・第40条(2)：人的役務提供　等
・第40条(3)：のれん，著作権等の対価

の所得を受領する場合で，その支払がタイ国からまたはタイ国で行われる場合には，租税（源泉所得税率15％）を支払わなければならない

日タイ租税条約第12条

使用の定義　第3項

「使用料」とは，文学上，美術上若しくは学術上の著作物（映画フィルム及びラジオ放送用又はテレビジョン放送用のフィルム又はテープを含む。）の著作権，特許権，商標権，意匠，模型，図面，秘密方式若しくは秘密工程の使用若しくは使用の権利の対価として，又は産業上，商業上若しくは学術上の経験に関する情報の対価として受領するすべての種類の支払金をいう。

⇨ 租税条約では人的役務提供を含まない。しかし，タイの税務調査では内国歳入法の規定を鑑みて租税条約を幅広く解釈した実務が行われることがある。

ほとんどにつき15％の課税権を支払地側に認めているのが特徴です。

87 タイでの労働許可（work permit）と給与所得課税

Q タイ駐在となって日本を出国しましたが、どの時点からの日本払給与を、タイで合算申告の対象とすればよいでしょうか。

A 具体的に定めた規定はありませんが、タイで労働許可（work permit）を取得できた時点以後の日本払給与ではなく、出国後の、日本で所得税課税されていない日本払給与からとするのが妥当であるといえます。

解説 タイ子会社への出向が決まり、辞令が発令されれば日本（タイ国外）のタイ大使館で就労ビザ（Non-Immigrant B Visa）を取得し、その後タイに入国、労働許可の取得に至りますが、実際にタイで給与を支払えるのはこの労働許可を得てからとなります。

しかし、実務上は労働許可の取得に手間取る場合が多く、タイで支払えるはずの給与がその間出せないことがあります。この場合は、会計上、仮払金等として処理し、労働許可を取得してから給与勘定に振り替え、個人所得税の徴収を始めることになります。

日本から海外への出向期間が1年以上であれば日本の税務上の非居住者となることから、出国前に出国年調を済ませ、出国後日本で受け取る給与は所得税の課税対象外となります。どの時点よりタイで合算申告の対象となる日本払給与とするかについて定めた規定はありませんが、タイ内国歳入法第41条で、「タイ国内における職務等に起因する給与所得を得た者は、その支払地がタイ国内であるか国外であるかを問わず、所得税を納付しなくてはならない」とあること、および課税の整合上、出国後の日本で所得税が課税されていない日本払給与からタイで合算申告をするのが一般的です。

タイでの就労と給与所得課税

タイで就労するためには，大きくは次の手続となります。

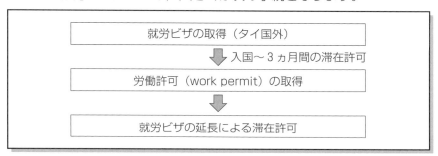

タイで給与を支払うことができるタイミングは労働許可（work permit）が取得できた後となります。

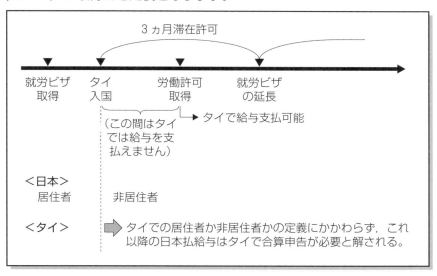

88 フィリピン子会社清算時の税務

Q 事業再編に伴い，フィリピンの製造子会社を閉鎖することを検討しています。どのような手続を行う必要がありますか。

A 一般的に，フィリピン子会社の定款上の「会社の存続期間」を短縮する株主総会決議を行います。商業登記の抹消は，税務調査の終了後に手続可能となります。

解説 フィリピン会社法により設立された法人には，基本定款上に「会社の存続期間」が定められています。任意清算においては，この存続期間を清算日まで短縮することで法人清算を開始する手続が一般的です。

清算は証券取引委員会（SEC）での商業登記の抹消をもって終了しますが，清算日から手続完了までは通常3年ほどかかります。これは，手続開始の条件である税務手続に時間を要するためです。

税務調査は，通常，税務調査権限書の発行日から3年前までに申告期限を迎えた期までが対象となります。SECへの申請には税務調査のクリアランスが発行されていないすべての期について税務調査が完了し，未納税額がないことの税務署からの証明書の提出が求められます。

清算日を迎えたフィリピン法人では，清算日から60日以内に清算財務諸表の会計監査を終了し，所轄の税務署に税務調査を要請します。税務調査完了までは申告義務があるため，清算法人として月次，四半期の申告が行えるようにしておく必要があります。また，税務調査に対応できるよう，過年度の証票等をいつでも提出できるよう準備が必要です。

清算手続終了後は，偶発債務に対する債務保証人を立てておくことで残余財産の分配が即時に可能となります。ただし，利益剰余金部分の国内の個人株主，または海外の個人・法人株主への分配においては，所得税の源泉徴収が求められます。租税条約の軽減税率を適用する場合は，事前にフィリピンの国税庁に適用申請が必要です。

フィリピンにおける清算手続の流れ

清算決議 → 清算日 → 税務調査対応 → 登記抹消手続

会社清算の主要手続	留意点
清算決議	
取締役会・株主総会承認	特別決議による定款変更
清算公告	3週間連続掲載する
従業員解雇手続	
解雇通知	解雇の30日前までに通知
解雇手当支給	労働基準法の規定に準拠＋α
社会保険関係処理	
財務関連手続	
固定資産等売却・除却	不動産は時間を要する
諸契約解除	清算法人の連絡先を固めておく
売掛金・未収金回収	清算日以降となってもよい
買掛金・未払金支払	できる限り清算日以前に整理
債権者リスト作成・同意書取得	債権者がある場合
清算財務諸表作成	会計監査必要
行政関係	
清算所得申告・閉鎖申請	清算人を確定しておく
営業免許証返還	地方事業税清算を同時に行う
税務調査対応・納税証明書取得	時間を要する可能性が高い
証券取引委員会での抹消登記	納税証明書の提出が必須
銀行口座閉鎖手続	
残余財産分配	利益剰余金がある場合は，事前に租税条約適用申請を要する

89 フィリピンの下請け利用による製造・販売

Q 日本の会社です。タイで購入した資材をフィリピンの外注先で加工して再輸出しますが、一部はフィリピン国内の顧客にも配送されます。この場合、フィリピンの税制上、気を付けることは何ですか。

A 自社から外注先に生産監督者を派遣する場合は、フィリピンの製品倉庫が恒久的施設とみなされないよう注意しましょう。また、外注先の投資優遇策の付与状況を確認してください。

解説 日本の企業がフィリピンの企業を外注先として活用する場合、フィリピンの外注先と資本関係がなく、外注先がフィリピン経済特別区等の入居企業であって、かつ棚卸資産の所有権の移転がフィリピン国外で行われる場合、原則としてフィリピンの税は課されません。

しかし、例えば外注先が一般加工区等、保税地域外に立地している場合は、フィリピン輸入時に関税および付加価値税が課されます。投資委員会（BOI）の登録企業の場合は再輸出時に還付されますが、還付には時間を要するのが通常です。

また、外注先での完成・製品倉庫への入庫時に自社製品に計上する等、フィリピン国内で物品の所有権が移転する場合は、事業所得がフィリピン国内の恒久的施設（PE）を通じて発生したとみなされないように注意が必要です。

また、外注先に自社の職員を派遣し、生産指導等を行う場合、その活動が1課税年度において合計6ヵ月を超える期間行われると、フィリピンに恒久的施設を有するものとみなされます。複数人を派遣している場合は、その在比日数合計を数えます。例えば、3人がそれぞれ2ヵ月派遣されていれば、合計は6ヵ月となります。

フィリピン国内の恒久的施設を通じて発生したとみなされた所得については、フィリピンの法人税30％が課されます。

A：免税取引となるケース

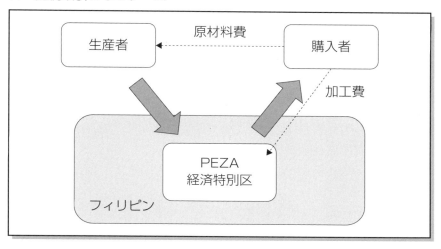

B：課税取引となるケース

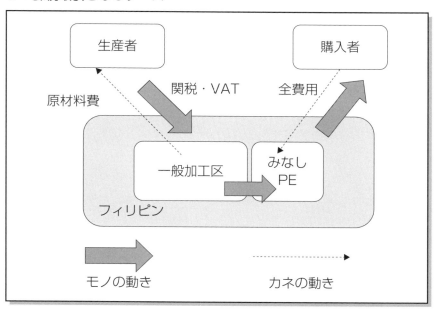

90 フィリピン不動産売却における税務

Q 日本の居住者ですが，フィリピンの分譲マンションの購入を検討しています。一定期間保有の後，タイミングを見て売却しようと考えていますが，売却時にどのような税が課されるのでしょうか。

A 日本での所得税のほか，フィリピンでの所得税，付加価値税，印紙税，固定資産移転税等が課されます。なお，フィリピンでの所得税については，日本で外国税額控除を適用することができます。

解説 日本での居住者は全世界所得に対して所得税が課されます。しかし，日比租税条約により，フィリピンに所在する不動産については，フィリピンでの所得税も課されます。これが二重課税となることを避けるため，フィリピンで納めた所得税については日本の申告上，外国税額控除の適用対象となります。

フィリピンの所得税は，売却する分譲マンションが事業用か非事業用かによって異なります。非事業用資産の場合はキャピタルゲイン税の対象となり，売却額（市場価格のほうが高い場合は市場価格）の6％の源泉分離課税の対象となります。賃貸等の事業に回していた場合は事業用資産となり，売却益を含めた合算所得に対して5～32％の累進税率での総合課税となります。

一方，付加価値税については，売却する不動産が事業用か居住用かによって異なります。事業用の場合は原則として付加価値税12％の対象となりますが，居住用の場合は売却額または市場価格が3,199,200ペソの物件まで非課税となります。

この他，国税としては印紙税が課されます。税額は譲渡額または市場価格のいずれか高いほうを課税標準として，1,000ペソにつき15ペソです。地方税としては不動産移転税があります。メトロマニラ首都圏においては対価の0.75％，それ以外の地域においては0.50％が上限税率です。

分譲マンション（コンドミニアム）の仕組み

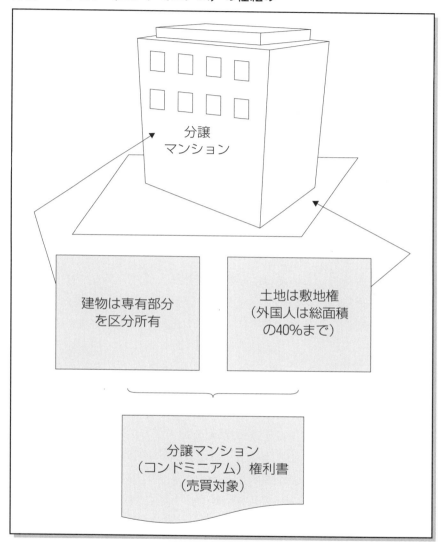

91 ベトナム法人設立前の立替費用の取扱い

Q ベトナム法人の設立にあたり，設立前に要する費用を日本の親会社で立て替えた後にベトナム法人から回収する予定です。ベトナム法人で費用とする予定ですが，注意すべきことはありますか。

A 実務上，適切な処理がなされていない場合に，会計上の費用として計上することは可能ですが，税務において，下記の問題が発生することが考えられますので，支払時に注意が必要となります。

- ベトナム法人において費用が法人所得税の損金不算入となる。
- ベトナム法人において VAT 控除ができない。
- ベトナム法人が日本の親会社に立替金の返済ができない。

解説 法人所得税においては，68項の損金算入要件を満たす必要があります。このうち，日本語で発行された領収書については，ベトナム語への翻訳が必要となります。さらに，日本で発行される領収書は，ベトナムの公式なインボイスに含まれる情報が十分に含まれていないことがあるため，税務調査でその損金性について問題視されることがあります。当該費用を損金算入するためには，ベトナム法人の設立に直接関連する費用であることを説明できる資料を準備しておく必要があります。

また，法人所得税およびVAT控除について，インボイスの宛先が日本の親会社宛であることで，ベトナム法人宛への宛先の修正は不要ですが，親会社への返済送金が困難なため，ベトナム法人から日本の親会社への銀行送金書類の入手ができない場合，上記の問題が生じます。

さらに，法改正により，2014年9月25日以降に子会社設立費用を立て替える場合には，親会社がベトナム国内の銀行に VND 以外の外貨建経常取引用非居住者口座を開設し，当該口座を経由してベトナム国内の支払を行う必要があります。親会社立替設立費用を返済する場合には，取引銀行と相談のうえ，この点にも注意が必要となります。

A：親会社が立て替える設立前費用の例

1	事務所や土地リースの保証金
2	事務所賃料，土地リース料
3	会社設立代行報酬（コンサルティング会社に対する報酬）
4	会社設立活動に要した交通費（航空運賃，タクシー運賃），宿泊代や食事代
5	その他，本来現地法人が負担すべき費用

B：立替処理ができない場合の代替案例

1	取引銀行へ確認のうえ，資本勘定への振替え
2	親子ローン契約書などを作成のうえ，借入金として返済
3	上記に加え，相殺合意書などを作成のうえ，売上債権と相殺
4	借入金として扱わずに相殺合意書などを作成のうえ，相殺（ただし，立替費用は，損金不算入，VAT控除も不可）
5	日本の親会社にて負担する

92 ベトナム駐在員事務所から現地法人への資産の引継ぎ

Q 日本法人である当社は，ベトナムにおいて，駐在員事務所として活動を行ってきましたが，このたび，現地法人化をすることになりました。そこで，駐在員事務所で使用していた資産を現地法人に引き継ぎますが，どのような手続が必要ですか。

A 駐在員事務所で使用していた資産が，金額的に重要性がない場合，無償での譲渡により簿外資産として計上することが可能です。

一方で，取得価額が高額であり金額的に重要性がある場合は，通常の売買取引と同様の手続を行う必要があり，取引価格に対して１％のみなし法人所得税が課されます。

解説 無償での譲渡の場合，駐在員事務所である日本法人では，当該資産の残存価額について会計上は，譲渡損を計上すべきですが，日本の税務上は，当該譲渡損は国外関連者に対する寄付金として損金算入が認められない可能性があります。ベトナム法人側では，簿外資産が存在することになりますが，重要性がない場合，通常は監査上の問題になることはなく，税務上も費用が発生しないため問題視されることはありません。

一方で，有償取引の場合は，駐在員事務所は，税務当局にみなし法人所得税納付のための登録を依頼して，通知書が発行された後，みなし法人所得税額を納付します。その後，税務当局に公式のインボイスの発行を依頼します。発行された後，ベトナム法人より駐在員事務所へ取引金額を送金して，公式のインボイスを駐在員事務所からベトナム法人に交付します。

買主であるベトナム法人が当該資産を計上するためには，公式のインボイスが必要となりますが，駐在員事務所では公式のインボイスを発行することができません。そのため，納税時に，売主を駐在員事務所，買主をベトナム法人として記載された公式のインボイスを税務当局に発行してもらう必要があります。

A：みなし法人所得税の登録に必要な書類

1	みなし法人税納付のための登録依頼書
2	対象資産に係る駐在員事務所の譲渡決定書
3	駐在員事務所およびベトナム法人で締結された対象資産の売買契約書（複数の資産の場合，資産リスト）
4	駐在員事務所の設立ライセンス
5	対象資産が自動車の場合，当該自動車の登録のコピー，自動車検査証および購入時のインボイス
6	対象資産が自動車以外の場合，対象資産購入時のインボイスのコピー

B：公式のインボイス発行に必要な書類

1	税務当局より発行された納税額計算書
2	税務当局より発行された登録通知書
3	みなし法人所得税の納付書
4	対象資産に係る駐在員事務所の譲渡決定書
5	駐在員事務所およびベトナム法人で締結された対象資産の売買契約書（複数の資産の場合，資産リスト）
6	窓口で手続をする者への委任状
7	公式のインボイス発行の申請書

93 ベトナムの外国契約者税の考え方

Q 外国契約者税はベトナムの税金で一番理解しにくく，注意が必要な税金と聞きますが，どのような点に注意が必要なのでしょうか。

A 外国契約者税は，支払日後10日以内に申告・納税しなければなりません。そのため，会計事務所のレビューなどの前に申告期限が到来してしまうことがあります。また，契約締結時に外国契約者税を意識して以下のポイントをおさえることで税負担を軽減することができる場合もあるため，支払前はもちろん，契約締結前に注意が必要となります。

解説 契約締結時の留意点は以下のとおりです。

① 契約金額の内訳を明記する

外国契約者税は役務提供の内容により税率が異なるため，さまざまな役務提供が混在した契約の場合，内訳のない契約は契約金額全体に最も高い税率が適用されてしまいます。そのため，内容と対価を明確に分けて記載することで税額を最小限に抑えることができます。

② 外国契約者税の負担者を決める

外国契約者税の付加価値税部分はベトナム法人が負担した場合，仕入税額として付加価値税計算の際に，控除対象とすることができます。

法人所得税部分については，利息に対する税額を日本企業が負担した場合など，日本側で法人税の外国税額控除の適用ができる場合があります。そのため，「税額の一切を一方が負担する」といった契約をせずに，上記を考慮することで，最終的な税負担を軽減することができます。

③ サービス契約に付随した出張者費用

サービス契約や技術支援契約に基づき，出張者等を受け入れた場合に，宿泊費や旅費をベトナム法人で負担することになり，合わせて支払をするケースがあります。この場合の諸経費についても，サービス契約等の対価として外国契約者税や個人所得税の対象になります。

外国契約者税の手続と税務リスク

法人所得税の寄付金課税の損金不算入となるリスクや移転価格による追徴課税のリスクを回避するため，また，内容が混在する契約にならないために，技術支援契約やロイヤルティ契約などは，あいまいな表現を避けて，詳細に記載した契約書を作成します。

外国契約者税の申告納付のために，契約書締結日から原則10日以内に税務局へ税コード登録します。

対価の支払日から10日以内に申告納税します。

上記手続につき，税務調査が行われるまで誤りを指摘されることはありません。そのため，納税や申告の漏れ，税率の区分の誤りをした場合，税務調査まで放置されてしまいます。
また，契約書の登録がされているため，支援者がベトナムに入国していることは税務当局も把握することが可能です。そのため，支援者の個人所得税の課税もれに注意が必要となります。

参考文献

齋藤忠志『よくわかる国際取引の経理実務』（日本実業出版社）
三宅茂久『わかりやすい国際ビジネス課税 Q&A』（日本法令）
小沢進『Q&A 租税条約の実務』（財経詳報社）
松上秀晴編『源泉国際課税の実務』（大蔵財務協会）
川田剛『Q&A 海外勤務者に係る税務』（税務経理協会）
三好毅『海外勤務者をめぐる税務』（大蔵財務協会）
小沢進『非居住者の税務事例 Q&A』（中央経済社）
永峰潤『国際課税の理論と実務〈第1巻〉 非居住者・非永住者課税』（税務経理協会）

≪執筆者紹介≫

山中　一郎（やまなか　いちろう）
朝日税理士法人代表社員，朝日ビジネスソリューション㈱代表取締役。公認会計士・税理士（日本）。

高尾　英一（たかお　えいいち）
朝日税理士法人，朝日ビジネスソリューション㈱マネージャー。税理士（日本）。

岡本　芳郎（おかもと　よしろう）
PT. Asahi Networks Indonesia 代表取締役。公認会計士（日本）。

小松　英生（こまつ　ひでき）
Asahi Networks (Thailand) Co., Ltd. 代表取締役。税理士（日本）。

坂本　直弥（さかもと　なおや）
ASAHI NETWORKS PHILS INC. 代表取締役社長。公認会計士（日本）。

福本　直樹（ふくもと　なおき）
I-GLOCAL Co., LTD. ハノイ事務所代表。税理士（日本）。

注意（または免責）事項

本書は，執筆時点の情報に基づくものであり，その内容の正確性につき万全を期しておりますが，一般的な情報をガイダンスとして提供することを目的とするものであって，個別の案件に関して専門的アドバイスを提供するものではありません。税法の適用およびその効果は，固有の事実関係によって大きく異なる可能性がありますので，個別の事案につき意思決定の際は，公認会計士・税理士等の専門家にご相談することをお勧めします。

《編者紹介》

■ 朝日税理士法人

〒102-0093
東京都千代田区平河町二丁目7番4号　砂防会館別館A5階
TEL　03-3556-6000
http://www.asahitax.jp

法人・個人顧客の特性を常に考慮し，顧客ニーズを捉えた税務業務を手掛ける。特に法人税務においては，得意とする国際税務業務をはじめとして，ベンチャー企業から上場会社までの幅広い業種・規模の企業や，社団法人，財団法人，宗教法人，NPO法人等といった非営利法人などさまざまな顧客を抱え，幅広い業務（税務顧問，税務申告書作成支援，税務相談，税制改正対応，事業承継，組織再編税務支援，海外進出支援等）を行っている。

■ 朝日ネットワークスグループ（海外拠点）

PT. Asahi Networks Indonesia
Alamanda Tower, 24th Floor Unit A Jl. T.B. Simatupang Kav, 23-24 Cilandak Barat Jakarta Selatan 12430, Indonesia
TEL　+62-21-2966-0111 / 0222
http://www.asahinetworks.com/indonesia

朝日税理士法人グループの海外拠点として設立。日系企業のインドネシア進出時のアドバイス，税務・会計サービスのほかビジネスコンサルティングサービスを幅広く提供している。

Asahi Networks (Thailand) Co., Ltd.
287 Liberty Square Building, Room No. 2004, 20th Floor, Silom Road, Silom, Bangrak, Bangkok 10500, Thailand
TEL　+66-2-631-2121
http://www.asahinetworks.com/thailand

朝日税理士法人グループの海外拠点として設立。日系企業のタイ進出時の法律問題，国際間取引における税務・会計に関する支援ならびに内部管理業務改善等のアドバイスを行っている。

ASAHI NETWORKS PHILS INC.

7th Floor Maripola Bldg. 109 Perea St., Legaspi Village, Makati City, Metro Manila 1229, Philippines
TEL　+63-2-856-0038
http://www.asahinetworks.com/philippines

朝日税理士法人グループの海外拠点として設立。日系企業のフィリピン進出時のアドバイスのほか税務・会計サービスを提供している。アイキューブ・グループとの連携により，フィリピンでの経営にかかわる人事と不動産について一貫したサポートを提供している。

■ I-GLOCAL Co., LTD.（ハノイ事務所）

Room 1206, 12th Floor, Indochina Plaza Ha Noi Tower, 241 Xuan Thuy Street, Cau Giay District., Ha Noi, Vietnam
TEL　+84-4-2220-0334
http://www.i-glocal.com

ハノイ・ホーチミンなどのベトナムやカンボジアに拠点をおいているコンサルティング会社。ベトナム初の日系会計事務所として創業した2003年より現在に至るまで，日本企業の「進出支援」から「進出後の会計・税務・人事労務・監査などの業務」をワンストップで提供している。

図解&ケース
ASEAN 諸国との国際税務
インドネシア・タイ・フィリピン・ベトナム

2015年11月20日　第1版第1刷発行
2016年2月15日　第1版第1刷発行

編　者　朝 日 税 理 士 法 人
　　　　朝日ネットワークスグループ
　　　　I-GLOCAL Co., LTD.
発行者　山　本　　　継
発行所　㈱中 央 経 済 社
発売元　㈱中央経済グループ
　　　　パ ブ リ ッ シ ン グ

〒101-0051　東京都千代田区神田神保町1-31-2
電話　03 (3293) 3371 (編集代表)
　　　03 (3293) 3381 (営業代表)
http://www.chuokeizai.co.jp/
印刷／昭和情報プロセス㈱
製本／㈱関川製本所

ⓒ 2015
Printed in Japan

＊頁の「欠落」や「順序違い」などがありましたらお取り替え
　いたしますので発売元までご送付ください。(送料小社負担)
ISBN978-4-502-16121-6　C3034

JCOPY〈出版者著作権管理機構委託出版物〉本書を無断で複写複製(コピー)することは,
著作権法上の例外を除き,禁じられています。本書をコピーされる場合は事前に出版者
著作権管理機構 (JCOPY) の許諾をうけてください。
　　JCOPY〈http://www.jcopy.or.jp　eメール:info@jcopy.or.jp　電話:03-3513-6969〉